ÉLIE,
MON FRÈRE

BRIGITTE KAKOU

ÉLIE,
MON FRÈRE

l'Archipel

Si vous souhaitez recevoir notre catalogue
et être tenu au courant de nos publications,
envoyez vos nom et adresse, en citant ce
livre, aux Éditions de l'Archipel,
34, rue des Bourdonnais 75001 Paris.
Et, pour le Canada, à
Édipresse Inc., 945, avenue Beaumont,
Montréal, Québec, H3N 1W3.

ISBN 2-84187-731-0

Préface

Une ascension lente et prometteuse, un charisme et une aura certaine ont fait d'Élie Kakou un véritable phénomène suscitant, aujourd'hui encore, l'adoration de nombreux adeptes qui lui consacrent sites et fan-clubs.

J'ai souvent croisé Élie au cours de mes tournées à travers l'hexagone. C'était un homme discret, réservé, parfois silencieux, loin des frasques et des paillettes qu'il détestait véritablement. Il était dans son monde, avec costumes et accessoires.

Que pourrions-nous imaginer si Élie était encore des nôtres ? Quelques prolongations au Stade de France ; un *prime time* télévisé, avec un *show* digne des plus grands spectacles de Las Vegas ; un papier dans *Le Monde* titrant : « Élie Kakou, il n'y en a qu'un ! » ; plusieurs films dont la suite de *La vérité si je mens !* avec un césar qui aurait couronné un rôle à la mesure de son réel talent... Enfin, et surtout, un public de tous les âges, enthousiaste à chacune de ses apparitions.

Élie nous manque !

Merci, Brigitte, de nous faire entrer dans son intimité. Grâce à tes propres souvenirs, à ces nombreuses anecdotes, tu entrouvres pour nous le livre de son passé. Tu nous éclaires enfin sur l'univers de Madame Sarfati et nous accordes le privilège d'une place au premier rang d'une classe attentive l'écoutant une fois de plus nous dire : « Que ce soit bien clair entre vous et moi ! »

Élie Kakou, un passage trop bref… Le rideau tombe, mais le livre reste ouvert.

Smaïn

I

D'OÙ VIENS-TU, ÉLIE ?

1

La fiancée du désert

Tunisie, 1943 : la guerre fait rage. Le 8 novembre 1942, les Américains débarquent en Algérie et au Maroc. Longtemps réfractaire à ce soutien, l'armée d'Afrique, sous le commandement de Pétain, accepte enfin l'aide des États-Unis, tandis que l'Allemagne d'Hitler envoie des renforts en Tunisie. Dans la nuit du 6 au 7 mai 1943, les forces de la Libération vainquent l'occupant aux abords de Djebel Takrouna. La coalition avance. La campagne de Tunisie prend fin le 12 mai. Sur les 70 000 soldats français, 16 000 sont tués, blessés ou portés disparus. Cette campagne est le prélude à une autre : bientôt l'Italie ! La suite, on la connaît...

Pendant ce temps, près de Nabeul, un jeune militaire accompagné de son frère, lui aussi militaire, se présente dans une famille dévote qui s'apprête à célébrer non seulement shabbat[1], mais également les fiançailles d'une jolie jeune fille de dix-huit ans. Le soldat y prend ses quartiers.

Il fête shabbat comme en famille. C'est la première fois depuis plusieurs mois qu'il peut pratiquer sa religion.

---

1. Shabbat : fête juive qui commence au coucher du soleil du vendredi et prend fin au coucher du soleil le samedi. Un certain nombre de règles doivent être respectées pendant la durée du shabbat, comme celle de ne pas utiliser l'électricité.

Lorsque l'on sait dans quel état d'oppression les juifs vivaient cette période de l'Histoire, il est aisé de comprendre que la tradition ait pris, ce jour-là, un relief particulier. Comme il convient dans cette région, la tradition veut que le mariage soit arrangé par le patriarche de la famille. Le père de la fiancée, un Tunisien d'origine italienne, prie les deux militaires de rester afin de veiller au bon déroulement des cérémonies. Que personne ne boive trop. Que l'ordre règne. Après tout, n'est-ce pas le rôle de l'armée que de protéger la population ?

Voici qu'on entend les premiers murmures. L'assistance se rassemble. Les invités se succèdent, sous l'œil bienveillant mais exercé des deux réquisitionnés de la garnison. Dans quelques minutes, les agapes débuteront. On prononcera les vœux solennels, mais pour l'instant, nous n'en sommes qu'aux dernières répétitions. Le père entraîne le futur époux à l'écart. Il s'assure que les termes du mariage sont ceux qu'il a imaginés pour sa fille. Un mariage à l'italienne : à la vie, à la mort. Sans divorce possible. L'union est plus que contractuelle. C'est inscrit dans le code d'honneur ! Le futur marié est pris de court. Il ne s'attendait pas à une telle pression. Il hésite, discute, ergote. Rien ne se passe comme il le prévoyait. Comme on ne sait pas ce que l'avenir réserve, ne pourrait-on pas assouplir les conditions ?

Bref, il atermoie. L'effet est garanti ! Cela équivaut à dégoupiller une grenade et à se la caler dans le caleçon... Le père de la jeune fille entre dans une rage folle, les éclats de voix (pour ne pas dire d'obus) traversent les murs de la casbah. Le militaire, toujours prompt à rétablir l'ordre, s'enquiert de l'objet de la dispute : le contrat matrimonial est en ballottage défavorable.

Jusqu'alors, il n'avait qu'entraperçu la promise. Mais quel émoi ! Si incroyable que cela puisse paraître, il n'hésite pas une seconde. Il se lance dans un raid et tance le père. Ni une, ni deux, il avance son tapis : puisque le scélérat mégote sur la jeune fille, lui, l'homme de passage, l'homme d'honneur, l'homme de foi, se porte candidat au mariage dans les conditions édictées par le père. Mariage à l'italienne. À la vie, à la mort. Croix de bois, croix de fer... Croix de guerre !

Aussitôt proposé, le mariage est entériné, et le patriarche expulse de la maison l'indésirable fiancé. La jeune fille se soumet à la loi de la famille et s'unit à cet inconnu qui n'imaginait évidemment pas que cette petite halte se transformerait en cérémonie. La jeune épouse tombe enceinte dans les jours qui suivent la noce, et le soldat repart au front pour ce qu'il reste de guerre. Il débarque en Italie, participe à la libération du pays d'origine de sa belle-famille, et se défait de ses obligations patriotiques en même temps que s'achève la Seconde Guerre mondiale, deux ans plus tard.

Lorsqu'il revient, la jeune mère pour laquelle il a fait le pari de l'amour éternel lui présente un magnifique garçon d'un an, qui répond au prénom de Charles. Celui que tout le monde appellera Charlie est le premier de la tribu Kakou, descendant de Kakou ben Chloumou, chevalier du Mérite agricole, inventeur de la charrue extra-légère Kakou, médaille d'argent à l'exposition horticole d'Alger en 1911.

Homme de bien, mon père s'installe dès son retour avec sa femme après le port de Tunis, là où la côte s'incurve et s'avance tout à coup en un large doigt pointant la Sicile, comme pour rappeler la tradition méditerranéenne à l'origine de ce mariage précipité. Un index de terre verdoyant, une presqu'île bénie des dieux où l'on cultive le jasmin, les olives et toutes sortes d'agrumes.

On l'appelle le cap Bon (cela ne s'invente pas !). Nabeul la parfumée, Nabeul la colorée, Nabeul la sereine. Encore aujourd'hui, une oasis de paix entre Tunis, la capitale économique et politique du pays, et Hammamet, son principal centre touristique. Nous y sommes nés tous les sept, de Charlie en 1944 à Alain en 1960. Tous conçus et venus au monde dans le même lit conjugal ; tous nés à la ferme, la sage-femme venant à la maison nous aidera à naître avec une régularité de métronome, tandis que notre mère mordait son mouchoir à pleines dents. Mon père, lui, cultive la terre. Il recueille le produit de ses arbres et nous courons au milieu des animaux. Notre préféré, c'est le cheval, Maurice – un percheron sans âge, solide comme un roc. C'était encore un peu la France[1], baignée de tendre insouciance. J'y suis née le jour de Noël 1957. Baptisé Alain, Élie m'y rejoindra deux ans plus tard, après la fête des Rois, le 12 janvier 1960.

Douce France, cher pays de mon enfance...

Puis surviennent ce que nous appelons « les événements ».

Ensuite, durant quelques années, colons et Tunisiens de souche cohabitent et œuvrent pour que le pays devienne entièrement autonome. Mois après mois, les

1. À l'instar du Maroc, la Tunisie est, depuis le traité du Bardo signé en 1881, ce qu'on appelle un protectorat français. Elle est ainsi placée sous la protection de la République. Sous l'influence de celui qui deviendra le père de la République tunisienne, Habib Bourguiba, ce traité est abrogé. La Tunisie obtient l'indépendance en juillet 1955. Elle y accède formellement dix-huit jours après le Maroc, le 20 mars 1956.

sociétés françaises se replient pour faire place à des équivalents locaux. La route du retour est tracée.

Au début des années 1960, nous l'emprunterons tous les neuf, comme 180 000 autres Tunisiens rapatriés. « *Rats pas triés* », comme on disait entre nous. Une goutte d'eau, au regard des 260 000 Marocains. Une larme, en face du quasi-million de pieds-noirs algériens qui se déverseront sur les ports de Méditerranée.

2

Marseille, terminus

Dès 1957, des milliers de déracinés d'Afrique du Nord débarquent des cargos. Ils n'ont connu que « *le pays* ». Le leur. Celui qu'ils appelleront toujours « *le pays* ». Comme dans un film d'Alexandre Arcady, notre famille pose ses valises un petit matin de septembre 1961. Élie a un an et demi. Pourquoi Marseille ? Comme la plupart de nos concitoyens, notre père choisit le plus simple : une partie de la famille s'y est déjà installée. Oncles, tantes, cousins, amis... Autant de relais indispensables lorsqu'il faut tout reconstruire. Repartir de zéro. Militaire puis agriculteur, notre père devient agent d'assurances. Notre enfance est paisible. Nous découvrons la vie pendant que nos parents cultivent leur mélancolie.

Au milieu des années 1960, au moment où Élie fait sa première rentrée de grand, l'école est rarement mixte. À cette époque, celle où les garçons de la famille usent leurs fonds de culottes s'appelle l'école communale de la rue Abbé-de-l'Épée[1] (elle existe encore, plus

1. Charles Michel Lespée, né à Versailles en 1712, est diplômé en théologie à dix-sept ans. Il commence sa carrière ecclésiastique à vingt-six ans, cinq ans après avoir été avocat. Il devient alors l'abbé de l'Épée et se rendra célèbre grâce au langage de signes méthodique qu'il développera pour les sourds. On en trouve une évocation particulièrement éloquente dans *Ridicule*, le film de Patrice Leconte (1996). Quand on connaît la propension d'Élie à s'exprimer par signes laconiques, on ne peut qu'y voir l'ironie du destin.

connue aujourd'hui sous le nom de square Sidi-Brahim). Je me demande si le nom de cet endroit tranquille n'a pas été, en soi, une source d'inspiration pour mon frère. Entre mes récits sur les bonnes sœurs que je retrouve à l'école, et la simple évocation de l'abbé de l'Épée, l'Église devient l'objet de tous les fantasmes.

Pour se rendre en cours, Élie longe la rue Marx-Dormoy, où nous habitons. Il est vêtu d'un tablier rose, sorte d'uniforme obligatoire. À mi-chemin, une gamine l'attend devant une porte cochère. Elle se prénomme Clotilde. Fille de concierge, elle habite dans une espèce de sous-sol que le soleil n'éclaire que par un soupirail. Sur le bout de trajet qui les conduit à l'école, il en fait son amie. Mais, à l'intérieur de l'établissement, dans leurs cours de récréation respectives, jusqu'à la fin de journée les contacts ne s'effectuent qu'au travers d'un grillage. Qu'importe : Élie se plaît en compagnie des filles. Ce n'est pas un garçon entouré de copains, rêvant d'aventures de cape et d'épée, de bruits de mitraillettes, de gendarmes et de voleurs. À l'époque, Clotilde est une énigme pour nous, ses frères et sœurs. Une fille, toujours la même, étrange et décalée, la première d'une longue série – nous comprendrons seulement des années plus tard les raisons de l'attirance qu'éprouve Élie. Adulte, dans les fêtes où nous nous rendrons, il dégottera toujours la fille la plus abracadabrante : le physique le plus improbable, la godiche aux lunettes les plus incroyables, l'oiseau tombé du nid…

La singularité l'attire. Il étanche sa curiosité dans d'interminables discussions gardées secrètes. Son empathie ne se démentira jamais. Même au faîte de sa gloire, il conservera dans son entourage de quoi alimenter ses personnages. Ah, Mongola !… Les sources d'inspiration ne manquent pas.

Notre appartement est un meublé de deux pièces. Plus lumineux que celui de Clotilde, il est petit et cossu. Avec ses meubles d'époque, son piano, ses vitrines renfermant de la vaisselle en cristal de Baccarat et toute une série d'objets fragiles et sacrés appartenant au propriétaire, il sent la bourgeoisie à plein nez. Élie dort à côté du lit des parents, dans son berceau, tandis que les enfants se partagent l'autre pièce. Malgré l'exiguïté des lieux, nous accueillons de la famille et des amis, tous victimes de l'exode tunisien. La promiscuité n'empêche pas le bonheur, et l'imaginaire d'Élie se développe. De superbes images se superposent. Transitant pour une durée indéterminée, en attente de logement, des figures toutes plus caricaturales les unes que les autres se succèdent. De grosses mammas entrecoupant d'expressions arabes leur français à l'accent pied-noir, des femmes de l'exil à la démarche de dromadaires, au cœur dilaté et aux seins lourds, pointant plus vers le sol que vers la ligne bleue des Vosges.

Hormis le vendredi soir où, tradition oblige, nous dînons dans la salle à manger, nous nous attablons habituellement dans la cuisine. La conversation y bat son plein. Sujet de prédilection : la Tunisie. Nos parents l'idéalisent, la magnifient. Le tableau qu'ils nous en font tient davantage d'un éden que de la photo d'un pays aride en proie à d'innombrables difficultés économiques et politiques. Notre joie de vivre laisse cependant peu de place à ce drame de l'exil, pourtant omniprésent, lancinant et ravivé par les séjours des uns et des autres. Nostalgie, quand tu nous tiens…

À la maison, nous parlons arabe. Nos visiteurs ne maîtrisent souvent que cette langue. Mais la règle édictée par nos parents est stricte : interdiction de l'utiliser à l'extérieur. L'assimilation est à ce prix.

Autre moyen de s'intégrer : les distractions. Mais elles sont rares. Nous devons construire notre propre univers onirique. Le dimanche, le cinéma Madeleine nous ouvre ses portes. Les superproductions hollywoodiennes nous font rêver. Les drames et les épopées homériques en donnent pour l'argent de nos parents : *Le Jour le plus long*, *Lawrence d'Arabie*, *Ben-Hur*. Puis la télévision débarque. Une seule chaîne, en noir et blanc, mais dont les nouveaux héros franchissent le seuil de notre imaginaire : Zorro ou Thierry la Fronde. Pour Élie, il en est autrement. Roger Lanzac et Henri Salvador l'impressionnent davantage. Tandis que le premier présente « La Piste aux étoiles », rendez-vous hebdomadaire du monde du cirque, le second n'est pas encore le papy branché version Benjamin Biolay/Keren Ann que nous connaissons. Entre deux rires tonitruants, à force de déguisements chamarrés il campe des personnages burlesques – dont la fameuse mamma antillaise chantant « Juanita Banana ». Élie passe des heures devant le petit écran, et la filiation de son univers avec ces deux monstres sacrés de l'ORTF semble aujourd'hui évidente. Le tube cathodique est le chewing-gum de ses yeux. Malgré la guerre que nous livre Charlie, notre frère, Élie s'arrange toujours, une fois ses devoirs bâclés, pour allumer le poste et le regarder en cachette. Pour rien au monde il ne raterait un épisode de « La Vie des Animaux » de Claude Darget et Frédéric Rossif. Le brame du cerf, la reproduction des gastéropodes ou les méthodes de chasse des grands fauves n'ont aucun secret pour lui !

La vie animale le fascine et cette passion ne tarde pas à le conduire au jardin zoologique.

En face du parc habite une certaine Mme Graziani, chez laquelle Élie a pris l'habitude de se rendre.

— Quand vous mangez chez vous, il arrive que vous ayez des restes ? Eh bien, apporte tout ce que tu pourras. On en donnera aux animaux.

Le lendemain, fier comme un dresseur de tigres, Élie ouvre sur la table un petit paquet en papier aluminium.

— C'est pour les chats.

En découvrant le contenu du paquet, quelle n'est pas la surprise !

— Mais les chats, ça ne mange pas de couscous !...

C'est finalement Mme Graziani qui déguste le couscous destiné aux félins. Comme chaque fois, il sonne à l'interphone et la fenêtre du premier étage s'ouvre :

— Qui va là ?

Peu habituée aux systèmes d'ouverture électriques, la vieille femme descend ouvrir. Elle ressemble à un médium, une astrologue, une diseuse de bonne aventure. À l'étage, dans son petit appartement, l'odeur est épouvantable : une bonne vingtaine de chats et deux bassets vivent là. Le paradis terrestre... Mme Graziani s'en accommode, il faut croire. Ancienne dompteuse de lions à qui il manque un doigt (mangé par un singe), mère d'un capitaine de cavalerie de Saumur, royaume des chevaux, elle a vu sa vie faite et défaite par les animaux. Mme Graziani porte en elle tout ce qui fascine Élie, qui jouit d'un visa d'entrée permanent dont il use à volonté. De temps à autre, il nous permet de l'accompagner, afin que la vieille dame nous dise la bonne aventure dans ses tarots racornis. Chacun à notre tour, nous nous laissons prédire des avenirs somptueux, des richesses plus que certaines et des amours fabuleuses. Il faut dire que cette Madame Irma marseillaise n'est pas avare de grandiloquence. Elle joue avec ferveur le jeu de la mystérieuse femme de cirque. Quoique fasciné par le spectacle, Élie ne porte guère d'intérêt à son avenir : seuls les animaux motivent ses visites, et, la plupart du temps, il ne s'attarde pas. Élie et la vieille femme rassemblent des restes de repas, du gras de viande, des os à ronger et du pain rassis. L'amalgame servira aux bêtes d'en face. La nourriture prête, ils descendent, traversent la rue Lacépède et franchissent le portail d'un autre royaume magique : le jardin zoologique. Peuplé d'oiseaux exotiques, de serpents et d'animaux sauvages (une magnifique panthère noire, des tigres, des lions, un grand éléphant blanc, une girafe), il abrite même quelques ours polaires. Impossible d'imaginer qu'un jour les cages seront vides, les volières décrépites et le vivarium à l'abandon. Au début, la ménagerie se contente de la nourriture de la vieille dame, mais un projet de restauration collective a tellement de succès qu'il faut trouver de nouveaux moyens d'approvisionnement.

Puis, par hasard, nous déménageons à deux numéros de chez Mme Graziani. D'un petit deux-pièces, nous passons dans un magnifique cinq-pièces surplombant le jardin aux animaux. Élie a sept ans. Quand il comprend qu'il pourra surveiller sa ménagerie, il rayonne de bonheur. Sa chambre, qu'il partage avec Dag, donne sur une courette. Un peu de tranquillité avant la fracture…

Lorsque l'on diagnostique une lésion cancereuse dans les poumons de notre père, Élie a treize ans. Chance dans ce malheur, notre père aura eu assez de souffle pour l'accompagner jusqu'à sa bar-mitsva, ce rite religieux initiatique, ô combien important, qui signe le passage dans le monde des adultes. En trois mois, le sort de notre père est scellé. Quand Élie part en colonie de vacances, il n'est pas au courant de l'affaire. Ma mère ne lui a rien dit. À son retour, le prince du désert a cédé son royaume à Charlie, vingt-neuf ans, notre frère aîné.

Élie et moi nous réconfortons jusqu'à devenir inséparables. Tout le temps collés, comme des jumeaux.

Malgré nos différences, la dépendance est forte. Ce que chacun fait dans son coin, l'autre le sait. Il me raconte ce qu'il vit à l'école. Introverti, il sort très peu. Pour seule distraction, il se rend au jardin zoologique, regarde les animaux et donne à manger aux chats qui traînent dans les allées. Tandis que je préfère l'agitation de la rue et les boîtes de nuit, il espère attraper un pigeon distrait. Quand nous nous retrouvons, ma folie adolescente se confronte à son calme. Je le pousse régulièrement à exprimer ce qu'il garde enfoui, tandis qu'il modère mon attitude, notamment envers ma mère : « *Brigitte, il faudrait que t'écoutes un peu plus maman et Charlie. Que tu sois moins rebelle.* »

Pourtant, il affectionne tout particulièrement cette part de mon caractère. Tels des aimants, nous sommes irrésistiblement attirés l'un vers l'autre. Il m'embarque dans son monde. Ensemble, sans faire de bruit, nous observons les oiseaux, durant de longues minutes qu'il ponctue parfois d'un : « *Regarde ! La femelle va s'envoler du nid... Tiens, la voilà qui revient.* »

Et je me surprends à le suivre. Je me laisse aller aux mouvements de la nature. Comme un pêcheur, l'œil rivé sur un bouchon, Élie m'apaise.

Quand il n'observe pas la nature, il dessine, écrit des poèmes... et joue la comédie. Par tous les moyens, il croque la vie : la sienne et celle des autres. Ses premiers « *pestacles* » sont l'occasion d'imiter tout ce qui bouge. Sans avoir l'air de s'ouvrir aux autres, il garde en mémoire les travers de chacun. Il joue de son sens aigu de l'observation comme d'un premier instrument de « *mutique* ».

Déjeuner en famille : Élie, pas plus haut que trois pommes, regarde notre mère fixement. Intriguée, elle se demande ce qui peut expliquer ces yeux insistants. Premier réflexe : elle prend sa serviette et s'essuie les lèvres. Une miette ? Un peu de sauce ? Élie n'en démord pas. Elle passe la main dans ses cheveux. Un problème de mise en plis ? Le geste machinal n'y fait rien : il continue à la toiser. Puis il lâche, contre toute attente : *« Maman, t'as une virgule sur le front. »*

À huit ans, il est le premier à relever l'indice que notre mère vieillit.

Ses imitations égayent la table, et les accessoires font partie intégrante de son show. Un foulard, un coussin et un tablier de cuisine suffisent pour que nous reconnaissions notre grand-mère. Même pas besoin d'ouvrir la bouche. Deux ou trois gestes précis, et le voilà dans la peau d'un personnage promis à un grand avenir : Madame Sarfati. Nous rions de bon cœur. Personne n'échappe à la caricature, mais je doute, par exemple, que notre sœur Nadine apprécie beaucoup la façon dont Élie s'empare de sa manière de danser. Il n'empêche : ses battements de bras ridicules, comme un oiseau qui peine à s'envoler, provoquent l'hilarité. Dernier répit avant d'être la cible…

Il n'en reste pas moins qu'Élie est le gentil de la famille : un fils aimant qui ne perd pas une occasion de répéter à notre mère qu'elle est la plus belle des mamans. Un miroir merveilleux. Doux… Obéissant… Le contraire de ce que j'étais ! Alors que je repousse les limites de l'autorité, Élie se tient largement en deçà. Et quand arrive le moment où je ne mérite plus qu'une bonne gifle, il se met en travers de la baffe. Il me protège et pleure d'une manière si théâtrale que la pression retombe aussitôt. Mais la stratégie ne marche pas à tous les coups. Ainsi, il arrive qu'Élie s'en prenne une. Les erreurs de trajectoire ne sont pas fréquentes, mais quand la claque se trompe de joue, notre mère se justifie : *« Comme ça, tu pleureras au moins pour quelque chose ! »*

Et ses larmes ne s'arrêtent pas tant que je n'ai pas séché les miennes.

3

Les sorties clandestines

À cinq ans, il enfile mes robes. Il mime de grandes artistes de l'époque, comme Dalida ou Sheila, mais il ne se grime pas uniquement en femme. Il farfouille aussi dans la garde-robe de mes frères, et nous « fait » Alain Delon – le clou du spectacle. Car même si les costumes sont trop grands pour lui, un seul artifice lui suffit pour reproduire le ténébreux acteur : une cigarette. Virtuelle. Rien qu'avec une toute petite cigarette invisible, sans parler, sans costume. Rien qu'un regard, quelques gestes bien choisis, et il entre dans la peau du personnage, nous faisant rire des soirées entières. En revanche, lorsqu'il s'agit d'imiter et de représenter les femmes de la maison comme notre grand-mère, notre mère, ou même nous, ses sœurs, il tient absolument à se travestir. La famille, qui adore ses spectacles, ne peut lui refuser de déguisement. Alors il sort les habits qu'il a préalablement essayés, s'en vêt et commence un spectacle sans fin.

Ce qui me revient de plus frappant est ce plaisir que les enfants ont à faire gonfler les robes en pirouettant frénétiquement sur eux-mêmes – un effet proche de celui produit par les derviches tourneurs. Sur toutes les scènes où il jouera, il saura pertinemment que, lorsqu'il reproduira les gestes qu'il exécutait enfant, j'y verrai une petite attention envers moi, envers notre enfance, nos souvenirs, notre famille.

Petite, je suis un diablotin. Pour cette raison, les parents me placent dans une école religieuse – très stricte. Cela fascine Élie. Il me réclame force détails sur mes journées, les cours, la façon de s'exprimer des professeurs, les punitions, les sévices qu'il imagine me voir infligés par les bonnes sœurs ou, pire, par la mère supérieure. Pour lui, la mère supérieure, c'est plus fort que le Grand Méchant Loup et le Père fouettard réunis. Parce qu'elle est réelle – en tout cas dans son imagination. Il faut dire qu'avec l'institution religieuse il a de quoi nourrir son imaginaire, d'autant que je prends un malin plaisir à le terroriser en lui parlant de la discipline de fer qui règne dans cette école. Je le vois ouvrir de grands yeux et m'écouter bouche bée tandis que je faribole à l'envi sur les colles et retenues qui nous sont infligées lorsque nous n'écoutons pas. Sans compter la plus impitoyable des sanctions : la convocation chez la mère supérieure. Ces détails remplissent son imaginaire, s'amplifient et forment une matière qu'Élie modèle à son tour. Il se les approprie et les restitue avec le talent qu'on lui connaît.

Lorsque je l'ai suffisamment travaillé avec les cerbères de l'institution, je lui narre les manies des profs. Et chaque fois, il me demande d'entrer encore plus encore dans les détails. Ma professeur d'italien est ainsi une source intarissable : *« 20 sur 20,* dit-elle, *ça n'existe pas, c'est pour le petit Jésus. 19, c'est pour la mère supérieure, 18... »*

Quand Élie fera le prof sur scène, je me rendrai compte qu'il ne représente en aucune manière un enseignant qu'il aura croisé, ne serait-ce qu'une fois dans sa vie. Il brode, tisse, enrubanne les mots et les situations à partir de mes paroles. Et mes camarades de classe qui auront l'occasion de le voir sur scène ne voudront pas croire qu'Élie n'a jamais été en contact physique avec notre enseignante.

Encore une fois, la fusion opère entre nous. Il suffit que je lui raconte quelque chose d'apparemment anodin pour qu'il le transforme en spectacle plus vrai que nature. Il lit entre mes mots, voit derrière mes yeux, et saisit ce que je n'exprime pas pour le restituer dans une autre dimension. La sienne. Les sketches d'Élie traduisent nos peurs d'enfant. Ainsi en est-il pour les profs, mais aussi pour le personnage du kakou.

Durant toute ma jeunesse, je ne pense qu'à sortir – d'abord l'après-midi. Pour obtenir la caution de ma mère et de notre chef de famille, Charlie, je dois emmener le petit avec moi, comme pour rassurer tout le monde. Parce qu'à l'évidence, si Élie est avec moi, ce n'est pas pour me protéger, mais pour m'empêcher de traîner dans des lieux où les jeunes filles de bonne famille ne sont pas censées se dévergonder. Mon sens des responsabilités me prémunit contre ce genre de tentations, mais je ne me prive pas d'emmener mon petit frère dans un bar dès son plus jeune âge. Il ne doit pas avoir plus de douze ou treize ans. Moi, à peine quinze...

Certains préadolescents, à cet âge-là, ont commencé leur puberté. Deux ou trois poils se battent en duel sur leur menton, et leur taille devient respectable. Ce n'est pas franchement le cas d'Élie. Je suppose qu'il n'a même pas encore de duvet sous les aisselles. Quant à sa taille, elle ne le prédispose pas à écumer les lieux de débauche en se faisant passer pour plus vieux qu'il n'est. Il n'est pas plus grand qu'un poney au garrot – sans parler de sa voix d'enfant de chœur. Imaginez le tableau à l'entrée du bar où se déroulent les festivités de l'après-midi ! L'une de mes amies, qui a l'apparence d'une jeune fille de vingt ou vingt-deux ans, est chargée de le faire entrer. Pour moi déjà, c'est limite, mais avec Élie en bandoulière, c'est mission impossible. C'est alors que mon amie se présente, bras dessus bras dessous avec cet enfant à peine sorti des jupons de sa mère, et s'avance avec assurance vers l'entrée. Évidemment, le videur les bloque et demande à mon amie si elle compte vraiment entrer dans cet établissement avec un enfant. Soutenant fièrement le regard du sbire, Élie prend la parole et réplique, du tac au tac : *« Je suis avec ma femme ! »*

Fou rire dans l'assistance. Les clients qui se massent autour de notre petit groupe pouffent devant l'aplomb du gamin. Le videur le prend alors par les épaules, et lui explique que le lieu peut être dangereux pour lui. On peut y faire de mauvaises rencontres, se faire tabasser ou... fracasser. Le molosse reste inflexible, montagne que nous ne franchirons pas. Du moins, pas cet après-midi-là.

Deuxième source d'inspiration, une anecdote tirée du collège. Par inadvertance, Élie écrase un jour le pied d'une fille de la classe des grands. Celle-ci, au lieu de régler ses comptes elle-même, lui promet d'appeler ses copains pour le réduire en miettes. Après le camouflet, la terreur... Et toujours la joyeuse et trépidante perspective de se faire écrabouiller ! L'aventure ne restera pas sans suites : un soir, à la sortie de l'école, douze malabars, qui le dépassent d'une bonne tête et d'une bonne touffe de poils chacun, l'attendent pour le « fracasser ». C'est en tout cas ce qu'ils annoncent à ce petit garçon au physique de brindille et qui n'en mène pas vraiment large. L'histoire ne dit pas dans quel état physique il rentre à la maison. Mentalement, pour sûr, il revient... fracassé.

Privilège des clowns, il se venge avec les mots, à défaut de rendre physiquement la pareille. Ce sketch est à Élie ce que la scène du combat de boxe est, toutes proportions gardées, à Charlie Chaplin. Le petit contre le gros. La malice contre la force brute…

4

L'ANNONCE FAITE À ÉLIE

« Allô, Alain ? » : pas besoin de se demander qui appelle. Notre mère a sa façon de signer ses coups de fil. Pourquoi la mère juive, brocardée par les humoristes (Élie compris), est-elle si possessive ? Est-ce parce qu'elle croit en Dieu, ou parce que sa nature profonde est là, fruit d'une éducation qu'elle perpétue ?

À la naissance, Élie s'appelle Alain. Élie n'est que son deuxième prénom (la traduction approximative d'Alain, en hébreu). Puis les parents nous envoient en colonie de vacances. De son côté, mon frère rejoint un mouvement de jeunesse communautaire, quoique peu religieux : l'Hachomer Hatzaïr[1] (traduction littérale de « garde de la jeunesse ») – au sein duquel il rencontrera, outre Claudia, son grand amour, le célèbre Gérard Pullicino, futur réalisateur que l'on retrouvera plus tard dans notre histoire. Chacun porte un surnom, de préférence hébraïque ; à tant faire, Alain choisit le sien : Élie. Dès cette époque, il valse entre le prénom qu'on lui

1. Le mouvement Hachomer Hatzaïr existe depuis plus de quatre-vingt-dix ans. Il a été créé en Galicie et s'est implanté à Paris, dans le quartier de Belleville, à partir de 1933. Composé à l'origine de jeunes juifs d'origine tunisienne et polonaise, il s'agit d'un mouvement sioniste proche des partis de gauche, donc peu religieux.

donne en famille ou à l'école, et celui, de plus en plus usuel, qu'utilisent ses amis.

Lorsqu'il monte ses premiers spectacles au sein de l'Hachomer Hatzaïr, en compagnie de son amie Claudia, on en redemande. On applaudit son nom d'artiste, qui s'impose lentement mais sûrement. Il n'hésitera pas une seconde à le garder quand il se produira sur scène.

Pour ma part, je finirai par l'appeler Élie en public. Non seulement je me voyais mal apostropher un technicien de plateau d'un *« T'as pas vu Alain ? »*, mais je voulais en outre signifier qu'il existait deux cercles : les très proches, ceux qui le connaissaient depuis longtemps, et les autres.

Dans l'intimité, néanmoins, il est Alain : mon petit frère, mon complice de toujours, mon double. Vers la fin, quand il tombera malade, que je le laverai, le choierai et le dorloterai, inutile de préciser qu'Élie paraîtra loin.

À l'aube de mes vingt ans, des amies m'offrent une séance de voyance chez une cartomancienne très réputée, Mme Annie Amar (encore un nom de cirque). vingt ans : l'âge où tous les désirs sont permis. Toutes les espérances aussi. Bien que la tradition familiale nous pousse davantage à nous en remettre à Dieu, je décide d'interroger mon futur.

La séance commence très rapidement. Après avoir énoncé quelques banalités, la femme me regarde droit dans les yeux :

— Vous avez de nombreux frères et sœurs. Mais, parmi eux, j'en vois un très proche de vous. Comme un jumeau…

Rapidement, cette inconnue marque un point. Je me laisse prendre au jeu. Je me concentre davantage sur ce qu'elle me dit.

— Si j'insiste sur lui, c'est parce qu'il aura une grande influence sur votre destinée. Et ce qui l'attend est une forte reconnaissance... de la notoriété... Célèbre, c'est ça !

Le mot est lâché. Dans la foulée, elle me demande de le rencontrer.

Quand je lui raconte l'épisode, Élie rit. Il en rit pour évacuer le sujet, mais finit par accepter la rencontre, de mauvaise grâce. Au pire, la cartomancienne lui donnera quelques tuyaux pour les épreuves du baccalauréat qui se profile ! « *Mais c'est bien gratuit, hein ?* me lance-t-il avant de s'engouffrer dans l'antre de la voyante. *Et c'est parce que j'ai des doutes sur le bac !* »

Célèbre ! Au pire, cela n'affectera pas son ego. Au mieux, la femme lui prédira une mention au bac. Quant à moi, je l'avoue, je suis un peu anxieuse. J'ai beau résister, le décorum influe sur le psychisme. L'ambiance feutrée et sourde du cabinet transforme le moindre détail en révélation ébouriffante, et les anecdotes en parcelles de destin.

L'entretien dure une éternité. Faut-il tant de temps pour annoncer à quelqu'un que son étoile brillera au firmament du monde du spectacle ?

Élie en sort hilare. Durant toute la consultation, la diseuse l'a nommé Thierry. Lui, courtois, après l'avoir reprise une ou deux fois, la laisse faire. Pleine d'assurance, elle voit du Thierry Le Luron en lui : « *Vous le remplacerez dans le cœur des spectateurs !* »

Nous décidons de prendre ces prophéties à la légère. Prédire à mon frère la même carrière qu'une telle vedette relève de l'affabulation.

Le parallèle avait pourtant de quoi nous alerter. Lorsque Le Luron meurt en 1986, tragiquement jeune, nous ne dressons pas l'oreille. Qui sait ? S'il s'était ménagé davantage... S'il avait écouté son corps...

Mais à dix-huit ou vingt ans, lorsqu'on vous annonce richesse et célébrité, on ne pinaille pas. On ne lit pas entre les lignes. On range la prédiction dans sa besace. On l'emporte comme un trophée en espérant que rien ne la démentira.

Élie suit sa route avec certitude : son avenir est voué au meilleur. Cette visite contribue-t-elle, ne serait-ce qu'inconsciemment, à le rassurer ? Probablement. Une pierre ajoutée à l'édifice de convictions qu'il érige. Quelque chose en plus, assurément, qui l'aide à évacuer les déceptions en attendant l'heure de gloire. Le succès finira par venir, non ?

II

PREMIERS PAS,
PREMIÈRES PLANCHES

5

Premiers voyages

« *Mektoub !* » dit-on en arabe : « *Tout est écrit !* »

Élie croit à la protection d'un Être suprême – peu importe son nom. Quel que soit de son destin, il doit tout accepter. Du meilleur au pire. De cette irrésistible ascension jusqu'à cette fin tragique qui l'attend.

Question spiritualité, Élie est en quête permanente et n'hésite pas à manifester son goût pour la nature ou les représentations divines. Il aime débattre des heures entières sur le christianisme, les rapports entre les juifs et les musulmans, ou le bouddhisme. Il se lie d'ailleurs d'amitié avec un voisin attaché à l'enseignement de Bouddha. Il se passionne pour cette démarche, le questionne pendant des heures sur les rituels, les paradoxes ou la finalité de cette pensée. Il creuse chaque sillon. Il explore chaque cavité. Il en pointe les incohérences, mais cherche à comprendre en quoi cette philosophie peut rendre l'homme meilleur. Il se dote d'une foi inébranlable. Pas seulement d'une foi en Dieu, mais aussi en l'homme.

Sa vie intérieure bouillonne. Il est maître de son monde. Parfois, au milieu d'une conversation, du brouhaha familial, nous le sentons partir pour des sphères auxquelles nous n'avons pas accès. Un mot suffit au décollage : son regard se brouille alors et longe l'horizon. Son esprit vagabonde. De la même façon, lorsqu'il se promène au jardin, il s'invente de telles aventures qu'il ne voit plus le temps passer. On ne compte plus ses retards… *« La politesse des rois, selon Louis XVIII ! »* se plaît-il à rappeler.

L'hôpital se fiche parfois un peu de la charité… Élie apprécie la maîtrise du temps mais préfère encore s'en affranchir. En pur contemplatif, il n'est véritablement heureux que débarrassé des contraintes matérielles. Au lever, il adore sentir l'odeur du café tout en contemplant le manège des oiseaux qui piaillent dans leur immense cage. Au coucher, il se concentre sur ce qu'il a pu voir dans la journée. Il s'approprie ces images et les tord. Elles sont le point de départ des voyages oniriques qu'il entreprend. Pas besoin de substances hallucinogènes…

Élie ne tolère aucune forme de dépendance. Pour lui, se désinhiber par l'alcool ou l'herbe est une forme d'irrespect. Il goûte seulement au plaisir de s'extraire de son corps et s'en veut terriblement d'avoir succombé à la nicotine : *« Tu te rends compte… Moi qui ai toujours jalousement veillé sur ma liberté, je suis devenu esclave d'une plante ! »*

Élie a dix-huit ans lorsqu'il choisit l'appel du drapeau israélien. Plus spirituel que politique, cet engagement le rapproche de ses racines. Les amis qu'il fréquente depuis les mouvements de jeunesse y sont pour quelque chose, et je n'ignore pas non plus ce plaisir secret : tous l es matins, il revêt un costume (même si celui-ci tient plus de l'uniforme que de la robe de Carabosse). D'une manière générale, pour éviter de se justifier pendant une période troublée par l'attentat de la rue des Rosiers, il parle peu de cette expérience – ce qui ne l'empêche pas de la juger fort enrichissante.

D'abord, il s'y forge de solides amitiés, de celles qui sont amplifiées par l'enfermement. Ensuite, il s'endurcit physiquement. Et quand on connaît son physique d'allumette, ce n'est pas du luxe !... Enfin, il conquiert là de nouveaux publics, et y trouve de nouvelles sources d'inspiration. Dans cet univers solennel où le rire n'est pas au menu quotidien, surtout en Israël, Élie préfère l'humour à la guerre. Comique troupier, il est extrait des rangs par les gradés, qui tirent bénéfice de son talent d'amuseur public. Le gros des troupes, les petits chefs, les situations absurdes qui n'existent que dans cet univers kaki, sont de magnifiques prétextes à rire. Ainsi participe-t-il à toutes les fêtes, tous les banquets. Parodiant les uns, imitant les autres. Même après avoir marché cinquante kilomètres, un sac aussi lourd que lui sur le dos, un second souffle le galvanise à l'appel de ses camarades.

Un jour, au cours d'une de ces virées, il apprend que notre mère a débarqué en Israël, non loin du camp. Aussitôt, il s'écarte du groupe, se fait prendre en stop, et s'en va la retrouver pour la serrer dans ses bras quelques minutes. À son retour, on le punit avec clémence. Même devant le plus inflexible des tribunaux militaires, aller embrasser sa mère, pour un juif, ne constituera jamais un véritable délit.

La fin de l'armée ne rime pas pour autant avec retour à Marseille. Élie s'installe dans un kibboutz, une de ces fermes collectives comme il en existe de moins en moins. Il vient de décrocher son bac par correspondance et s'occupe d'animaux. Peut-il rêver d'un quotidien plus fantastique ? Il obtient la responsabilité du poulailler, et quand vient le soir, il ne peut s'empêcher de mimer la poule qui picore, la poule qui couve ou celle qui marche. Autres modèles, autres sketches. Il ne tarde pas non plus à animer les soirées du village, jusqu'à en devenir la mascotte. Comme un avant-goût de Club Med...

6

UN DUO DE CHOC

Claudia Meyer, née Benamou, dite Ben, est une artiste authentique, chanteuse et amie d'enfance d'Élie. Ils se rencontrent dans le mouvement de jeunesse que notre frère Dag encadre. Connaissant les talents d'Élie, celui-ci n'hésite pas, dès le début, à lui faire endosser divers rôles pour mener des revues ou jouer de courtes scènes de théâtre. Au moins a-t-il l'assurance d'envoyer sur scène un garçon qui aime le contact du public, quelqu'un qui ne se liquéfie pas de trac à l'idée de tenir les rênes d'un show. Un héros taillé sur mesure, plein de poésie et de délicatesse, devient vite le personnage préféré d'Élie : le Petit Prince.

Pendant que les garçons de son âge, fans des stars du Vélodrome, se retrouvent sur les terrains de foot, mon frère retrouve Claudia. Tous les mercredis et les samedis, l'un met en scène ce qui lui tombe sous les yeux, tandis que l'autre s'adonne au chant. Pour Élie, les moniteurs ou les enfants du mouvement sont l'occasion de nouveaux mimes, de déguisements et de rires. Il cherche la compagnie de personnes sensibles à son humour, et Claudia fait partie de celles-là. Ils organisent alors des représentations – des spectacles complets, paroles et musiques...

Loin de moi l'idée de faire passer mon frère pour un être asocial, perdu dans ses rêves et incapable de communiquer autrement que par le prisme déformant du spectacle : Élie a d'autres amis. Il joue aux billes et aux soldats, mais c'est aux filles qu'il se confie le plus volontiers. Question de sensibilité certainement. À cet âge (presque dix ans) une fille est plus mûre, plus à l'écoute. Elle donne davantage, ce qui ravit Élie, toujours en recherche d'explications sur le fonctionnement de ses compagnons. La présence de filles à ses côtés lui apporte une vision différente du monde. Avec Claudia et sa guitare, c'est ça de pris. Et le tandem, motivé par le besoin de montrer son talent, devient vite un pôle d'attraction. Élie puisera un surcroît de motivation dans l'amour qu'il porte à Claudia. Il n'aura de cesse de l'épater, de la faire rire, de la séduire.

Leur notoriété spontanée les galvanise, à tel point qu'ils se sentent redevables du meilleur. Chaque soir de la semaine, en sortant de l'école, je les entends répéter de nouveaux numéros, apprendre de nouvelles chansons. Élie travaille ses personnages jusqu'à trouver leur équilibre et la réplique qui fera mouche. Notre mère, Suzy, les encourage en leur préparant du thé à la menthe et des gâteaux. Ils s'enferment dans notre chambre et se racontent leurs histoires de classe, de professeurs et d'enfants. Quand ils ne viennent pas chez nous, ils répètent chez Claudia. Là-bas, ils cuisinent la mère afin qu'elle leur raconte tous ses souvenirs du Maroc. Même si nous ne venons pas du même pays, nos histoires sont communes.

— Allez, Madame Benamou, vous pouvez encore me raconter l'histoire de quand il vous est arrivé ceci ou cela ?

Ensuite, il « refait » la mère de Claudia. Les aventures les plus insignifiantes le nourrissent. Dans les détails les plus anodins, il puise le meilleur. Une histoire extraordinaire peut tenir en haleine n'importe quel public, par la simple dramaturgie du récit. En revanche, faire rire en décrivant une ménagère qui achète des poireaux au marché est un don. Chaque spectateur est renvoyé à sa propre mère. Le processus d'identification décuple la force comique. Personne ne s'y reconnaît vraiment, mais tout le monde distingue les travers de son voisin, de sa tante ou de sa marchande de légumes.

Jamais méchant, jamais moqueur, Élie doit une grande partie de son succès au fait qu'il fait rire sans montrer qu'il se donne en spectacle.

Peu à peu, Claudia balise le chemin qu'emprunte Élie. Les week-ends lui rapportent un pécule, gagné dans des cabarets marseillais, très souvent à La Payotte. Les rentrées sont de plus en plus régulières. Claudia envisage désormais d'en vivre. Comme les récitals ne lui suffisent pas encore, elle sert au restaurant pour compléter ses revenus. Élie, quant à lui, étudie, mais ne vit que pour les fins de semaine, pour ces moments où, flanqué de sa sœur préférée (moi), il rejoint son amie pour la voir chanter, danser, reproduire pour le public les numéros qu'ils répètent. Au fond de lui, je suis certaine qu'il rêve déjà de monter à son tour sur les planches pour amuser les fêtards du samedi soir. Son désir croît, sa motivation s'affirme.

Quelque temps après, Claudia propose aux propriétaires du cabaret d'offrir une chance à son cher Élie, en première partie de son spectacle. D'abord incrédule, il refuse. Il ne se sent pas prêt. Il n'a jamais joué devant un autre public que celui de la famille, des amis ou des camarades de classe ou de week-end, conquis d'avance. Que vont évoquer ses personnages à des inconnus ? Son public habituel est bienveillant. Qu'en sera-t-il pour des noctambules de fin de semaine ? Comment accueilleront-ils sa galerie de portraits ? Claudia insiste. Pas beaucoup, finalement : Élie en rêve tellement !

Nous le savons tous – Claudia, mon frère et moi : tant sur le plan vestimentaire que pour la mise en scène, les textes ou l'interprétation, il possède l'essentiel. Pour le rassurer, Claudia l'accompagne sur les planches, et son interprétation de *Gigi l'Amoroso* fait fureur.

Ah, les débuts à la fameuse Payotte !... C'est notre petit secret, à Élie et moi.

À cette époque, Élie poursuit des études de prothésiste dentaire. Mais c'est uniquement pour faire plaisir à la famille. Ce métier sérieux lui permet malgré tout d'user de ses dons. Ma sœur Michèle[1], chirurgien dentiste, n'hésite pas à se poser la question :

— Bon, que pourrait-on faire de ce frère qui ne pense qu'à s'amuser, à rigoler avec Brigitte, et qui est assez doué de ses mains ?

Comme elle connaît bien le milieu, ellc a l'idée de le pousser dans cette voie. Elle aurait été boulangère, peut-être aurait-elle initié son frère à la pâtisserie. Il aurait été un formidable artisan, sculptant des pains en forme de bateaux, ou des millefeuilles en forme de livres illustrés... Possible, non ?

Le jour, Élie assiste à ses cours, mais, la nuit tombée, il se rallie à mon côté obscur, suit mes délires ou donne ses premiers spectacles en cachette. Il s'amuse comme un fou en interprétant ses sketches – et esquisse ses futurs personnages.

Ainsi trouve-t-on déjà les profs. Il raconte beaucoup de blagues, beaucoup d'histoires. À cette époque, il ne se travestit pas. Son seul artifice de scène est une espèce de blouson noir qui lui permet de jouer le petit « kakou » marseillais. Il faut dire que la scène est toute

1. Michèle, de dix ans l'aînée d'Élie, succombera d'une crise cardiaque huit mois après lui. Elle revenait du cimetière. Elle était allée fleurir sa tombe. Son chagrin aura été dévastateur.

petite, et ne lui permettrait pas de bouger avec le costume de Madame Sarfati ! Nous contemplons par ailleurs l'ébauche de ce qu'il produira plus tard. Il travaille l'imitation, l'improvisation et raconte çà et là les histoires qui lui passent par la tête. Il est « nature ». Il teste ses effets de scène, ses mimiques. Il distingue le plus drôle, ce qui marche le mieux, du plus convenu, dénué de vertu comique.

Rapidement, le bouche à oreille remonte la Canebière. Le cabaret ne désemplit pas. Durant l'année qui suit les débuts d'Élie sur la scène de La Payotte, le petit restaurant de la rue Châteauredon affiche complet tous les week-ends. Nous nous sentons chez nous. Il faut dire que notre deuxième maison est un havre de plaisir. Les montées d'adrénaline y sont si fortes ! Élie et Claudia s'y éclatent, et je me demande comment Élie supporte les jours d'université. Je me garde cependant de lui poser la question. Je ne veux pas tenter le diable, être celle qui le pousse à arrêter ses études : je risquerais d'être bannie de la famille. La décision lui appartient, elle doit venir de lui. Pour l'instant, il apprend. Il se rode. Il doit finir ce qu'il a promis. Dans notre clan, ce n'est pas nouveau, une parole est une parole. Quitte à ronger son frein, Élie ne veut pas décevoir sa mère. Il redoute aussi l'autorité de Charlie. Alors, il se contente de troquer son costume d'enfant modèle du jour, contre son cuir de kakou la nuit. Docteur Élie, Mister Kakou : voilà un rôle… fracassant.

Avec le recul, on peut certes penser que le professionnalisme de leurs prestations laissait peut-être à désirer, mais ils y mettaient tant de cœur… L'énergie, conjuguée au bonheur de ravir des gens toujours plus nombreux, confère à ce duo un caractère extrêmement communicatif. Ils ne réfrènent ni leur ardeur ni leurs fous rires. Le public les porte, à tel point que la moitié du spectacle se transforme en une suite d'improvisations. Quelques dizaines de personnes suffisent à remplir la salle, mais savoir que des gens sont prêts à payer pour les voir s'amuser est un ravissement de tous les instants.

Les patrons de La Payotte ne peuvent évidemment que louer cette félicité. Les comptes de leurs soirées virent au vert tendre...

Si les études poursuivent Élie, Claudia tente enfin la grande aventure : elle monte à Paris. Élie n'a plus qu'à décrocher son diplôme. En attendant, son amie redescend le week-end pour reformer le tandem. Elle continue ainsi d'exercer son métier, garde contact avec son acolyte, s'assure quelques rentrées d'argent et retrouve la famille qui s'inquiète, forcément, et l'imagine entre les griffes de producteurs cupides, d'escrocs à la solde de la mafia, ou de spécialistes de la traite des blanches. Pour les gens qui n'appartiennent pas au sérail du show-business, ce monde de paillettes semble plutôt opaque. Carrément malsain, même.

Le diplôme de fin d'études est un sauf-conduit qui doit permettre à Élie d'exercer l'activité de son choix. Il l'obtient sans difficultés, du premier coup. Il dépose le sésame sur la table, devant notre mère :

— Tu voulais le diplôme ? Le voilà. Maintenant, je peux partir.

Désormais, rien ne le retient. Il va, selon les termes de notre mère, *« monter à Paris pour faire le comique »*. Inutile de préciser qu'elle doute de sa réussite.

— Comique, ce n'est pas sérieux ! Tu crois qu'imiter Mémé, c'est un métier ?

Malgré les preuves de son succès, notre mère considérera toujours que le facteur chance a délivré le bon courrier dans la bonne boîte.

En bon fils qu'il est, ses obligations remplies, Élie s'envole pour des cieux plus conformes à ses aspirations.

Rue de Cotte, il retrouve Claudia. Au moins veillera-t-on sur lui ! Il loge à deux pas du marché d'Aligre, qui ressemble à s'y méprendre à un souk méditerranéen. La gare de Lyon n'est pas loin. Le train pour Marseille est à cinq minutes.

7

La Payotte (entretien)

La Payotte est née en 1984, la même année que le métro marseillais et Canal +, dans une rue minuscule d'un quartier du centre de Marseille. C'est un établissement créole, comme ses créateurs : Joyeux Cocotier et Vanille, sa compagne. Le lieu associe une activité de restauration et de cabaret (musique et humour principalement) dans une salle de 40 mètres carrés environ. La scène en bois est une petite estrade de deux mètres sur deux, pourvue d'un piano ; elle a été fabriquée par le propriétaire, qui a dépecé l'armoire d'une voisine pour la transformer en plateau. Sur les murs, quelques photos à peine jaunies d'artistes et de spectacles. Dans ce patchwork d'images, Élie se taille une place de choix. Élie sur scène, Élie avec Joyeux Cocotier, Élie avec Vanille... Dans une salle jouxtant la première, un bar et quelques tables basses entourées de sièges molletonnés. Lorsque Vanille évoque les premiers souvenirs d'Élie, son œil s'éclaire encore :

Élie m'a été présenté par une artiste, Claudia Ben, qui venait souvent avec sa guitare pour des bœufs entre amis. Un jour, elle me présente un de ses amis, Élie, qui hume l'atmosphère en buvant un café dans son coin. Lorsque je revois Claudia, elle me reparle de lui et m'explique que ce garçon d'apparence timide et réservée est très drôle. Un soir de fête, où tout le monde est réuni autour de Joyeux Cocotier et moi, l'ivresse du moment nous porte vers ce garçon mystérieux qui aime visiblement cette ambiance festive. Ils sont toute une bande de copains, et je me rappelle ce que Claudia m'a dit à son propos. Spontanément, je m'approche de lui et demande s'il veut bien nous raconter quelque chose – une histoire, peu importe... Il hésite un peu, n'y tient pas vraiment, sans rester pour autant sur la défensive. L'atmosphère est gaie, tous les convives sont détendus. Emportée par mon élan, je lui propose sans façon d'aller fouiner dans la loge, et de voir s'il trouve des accessoires qui l'inspirent pour nous présenter une petite composition de son choix. Il finit par accepter. Quelques minutes plus tard, il arrive vêtu d'un blouson noir en cuir et lance :

— Je suis d'accord. Je veux bien essayer. J'ai une petite idée de ce que je vais faire...

Arrive son tour. Et ce garçon dont je ne connais que le prénom se plante au milieu de la scène, les bras croisés, en regardant le public. Sans rien dire. Juste en scrutant la salle du regard. Les rires sont immédiats. Ce démarrage muet est tellement expressif que le ton est donné. Puis il campe avec une drôlerie irrésistible un personnage de petit kakou marseillais. Le sketch devient rapidement culte dans notre cercle d'habitués. De plus en plus nombreux, le public revient dans l'espoir de revoir ce garçon effacé qui se métamorphose dès qu'il affronte la scène. Entre nous, il devient instantanément « le kakou ». On parle du kakou comme on aurait parlé « du prof » s'il avait composé un autre personnage de sa galerie personnelle. Jusqu'au jour où, après de multiples apparitions, nous avons appris fortuitement qu'il s'agissait de son véritable patronyme.

Au fil des mois, la nouvelle famille d'adoption d'Élie le choie – comme le petit dernier qu'il a toujours été. Mon frère appréciait particulièrement la proximité du public, l'atmosphère chaleureuse et bienveillante des clients, des spectateurs. Un artiste ne peut que se sentir à son aise dans de telles conditions. Élie est la dernière découverte qu'il faut absolument avoir vue. Au téléphone, on réserve en s'assurant qu'Élie sera bien l'un des clous du spectacle, tandis qu'il jongle, nous l'avons dit, entre ses études et les sorties. Il se professionnalise et joue sans calcul. Peu lui importe si l'on applaudit en mâchant sa viande ou en broutant sa salade : du moment qu'on l'encourage...

Vanille analyse avec pertinence ce qu'elle décèle en lui, et loue sa fidélité :

Au-delà du simple sketch, il était déjà perceptible que ce petit bonhomme fluet était un grand amoureux du spectacle dans sa globalité. De tous les spectacles. De tous les genres. Du cirque au music-hall, de la comédie musicale au one-man-show. Il y a toujours eu une grande sincérité dans sa démarche artistique. Élie était un être authentique qui produisait ce qu'il aimait mettre en scène ; c'était un créateur proche de son public et terriblement attachant. Il n'a jamais oublié d'où il venait. Il a toujours conservé au fond de lui une petite place pour ceux qui l'ont encouragé à ses débuts. Au plus fort de son succès, il n'omettait jamais de nous rendre une petite visite au cours de ses virées marseillaises.

Cela donnait des bœufs du tonnerre avec tous les artistes qui se produisaient chez nous. Lorsqu'il s'est produit à l'Odéon à Marseille, il n'a jamais manqué de nous offrir des places, alors que ses spectacles affichaient toujours complet. Plus tard, lorsqu'il a conquis la prestigieuse et immense salle du Dôme, il signait pendant une bonne heure des brassées d'autographes, discutait avec ses fans, et venait immanquablement finir la soirée à La Payotte. Il déboulait à 2 heures du matin, flanqué de toute son équipe, et remontait sur nos 2 mètres carrés pour refaire quelques sketches.

8

Paris, nous voilà !

Dans les valises d'Élie, peu de vêtements – mais beaucoup de charcuterie, empaquetée par notre mère *« pour tenir le coup »*.

Claudia commence à connaître quelques personnes du métier. Installée depuis quelque temps, elle a repéré les lieux où l'on noue les bons contacts. Elle a relevé les soirées auxquelles il faut se rendre afin d'avancer ses pions sans se dévoyer. Le show-biz est comme une immense partie de jeu de l'oie : on tire les dés, on avance d'une case, on recule, on passe son tour, on rejoue... À la fin du jeu, on a grandi, parfois perdu un peu de ses illusions et de son innocence, mais gagné en professionnalisme et en lucidité.

Élie aime le monde de la nuit, il adore sentir la présence de stars ou de people dans les lieux qu'il fréquente. En permanence, il me demande de le guider dans les dédales de la fête pour approcher ceux que l'on voit dans la presse populaire ou les émissions de variétés. Claudia, quant à elle, lui présente ses relations. Des pseudo-producteurs qui connaissent l'oncle d'untel, des apprentis managers qui ambitionnent de signer dans les plus brefs délais de futures vedettes au talent irréfutable, ou encore d'ambitieuses attachées de presse, amies exclusives de Johnny. Élie regarde ce monde comme les volières de son enfance. Fasciné.

Avec toutefois la distance nécessaire pour s'en nourrir (l'Attachée de presse trouvera une place de choix dans son panthéon).

Claudia vit de sa voix. Lorsqu'on chante correctement et que l'on a son petit réseau, on vivote tranquillement en se produisant dans les cabarets ici ou là. Les bar-mitsva ou les mariages, qui complètent ses revenus, sont l'occasion de reformer le couple qui a triomphé. De retrouver cette complicité. Elle propose Élie pour des mariages juifs séfarades. Cette communauté qui connaît nos codes l'accueillera, elle en est certaine, avec bienveillance et reconnaîtra avec plaisir les portraits croqués par son ami. Madame Sarfati ou les professeurs de notre enfance font non seulement partie de notre histoire personnelle, mais aussi de la leur. Elle prédit un triomphe, des rappels, des rires aux larmes...

Trop proche, trop en phase avec la communauté, Élie est accueilli dans une indifférence polie. Après quelques tentatives, le paradoxe est frappant : il expose le quotidien de tous avec talent et humour, mais cela ne fonctionne pas. Claudia en est meurtrie. Elle est (comme nous tous) certaine de son talent. Néanmoins, celui-ci ne s'accommode pas d'un public trop impliqué.

Élie ne s'en émeut aucunement. Il ne se sent pas prêt. Et, plein de bon sens, il me lâche cette vérité : *« Ce n'est pas mon public. »*

C'est une évidence pour lui, même s'il continue à courir noces et banquets. Quand il faut remplir l'enveloppe, le peu d'entrain de l'assistance montre bien que ce n'est ni le lieu, ni le moment. L'histoire a quelque chose du sketch de la valise des Bronzés.

Il suffit d'attendre le bon moment. Sans doute. Il réussira. Le temps est son allié. Le travail, la clé de son succès. Alors Élie fignole inlassablement ses personnages, il cisèle ses textes, peaufine les détails, les accessoires, les costumes et les mimiques. Il lui faut passer de l'autre côté du miroir grossissant qu'il présente comme la seule facette de son répertoire. Pour fédérer, il doit offrir au public une plus large palette de personnages.

La galère dure deux ans, jusqu'en 1986. Élie se lève à 6 heures du matin pour travailler sur les marchés, mais, dès que l'occasion se présente, il se faufile dans les castings, auditionne pour se produire dans des salles. Il envisage de passer du sketch brut, sans artifices, à des mises en scène costumées. Une nouvelle dimension intègre son univers.

Cette métamorphose dans l'approche « spectaculaire » est déterminante. Imaginez Madame Sarfati sans son ventre, sans ses fesses, sans son costume… Non, vous ne l'imaginez pas ? C'est normal. Madame Sarfati, c'est un savant mélange. Ôtez l'un des ingrédients de l'alchimie, et vous n'obtiendrez qu'un bide aussi volumineux que celui de la célèbre mère de Fortunée.

Car Élie n'est pas qu'un artiste à textes. Il arbore aussi un physique qu'il juge ingrat :

— Quand je m'approche des vieilles dames dans la pénombre, elles ont un mouvement de recul. Je ne corresponds pas aux canons de beauté ! Mais, quelque part, ce corps me sert. Piaf disait que c'est en utilisant ses défauts que l'on devient quelqu'un…

Il porte une casquette sur le crâne depuis qu'il a subi le traumatisme de la calvitie, et son corps est trop malingre pour exaucer tout ce qu'il souhaite accomplir : jouer de la musique, sauter dans le vide pour se suspendre à un trapèze, jouer des biscotos entre deux sketches.

Être un showman : avec le temps, Élie finit par composer avec son enveloppe charnelle, qu'il transcende, sublime et transforme. Il se modèle au point de dessiner ses costumes, coudre les étoffes, tracer les patrons et concevoir mise en scène et éclairages.

Bien après, lorsqu'il en aura les moyens, il continuera à exercer ses aptitudes dans un registre plus ambitieux, notamment au Cirque d'hiver, qui le consacrera. Qui sait si, aujourd'hui, il ne remplirait pas le Stade de France avec un show mêlant acrobates, animaux, cascadeurs et artistes folkloriques ?

Claudia sillonne les routes, la plupart du temps à l'étranger. En Israël, le plus souvent, où Élie la rejoint. Il connaît le coin et continue d'insérer quelques anecdotes du pays dans ses sketches. *« Fortunée au kibboutz »* vient de là…

Il fait des rencontres, absorbe encore, et Paris l'abreuve, comme cette fille étrange, Paola. Pendant six mois, Claudia et lui fréquentent cette Tunisienne bon teint, caricaturale à souhait. Elle se rêve Claudette, et cela ne manque pas de raviver des souvenirs de jeunesse. Élie reste pantois devant le spectacle réel et vivant de cette créature ahurissante. Il supplie Claudia de l'emmener la voir. Ne s'en lasse pas. Il l'affectionne sincèrement, sans trace de moquerie dans le portrait qu'il en fait.

Une surprise attend Claudia. Un soir, elle ouvre la porte de l'appartement tandis qu'Élie crie : *« J'arrive ! Assieds-toi ! »*

Inspiré de Paola, plus vrai que l'original, le personnage de Fortunée apparaît.

9

PASSAGE PAR LA CASE CLUB

Quand Claudia n'est pas là, Élie ne sort pas beaucoup : il n'est pas du genre à se jeter sur les gens ou à s'incruster dans les soirées parisiennes. Sans son poisson-pilote, Élie perd son élan. Il tourne en rond et décide de partir au Club Med. C'est le plus sûr moyen de rencontrer le public, de tester ses sketches dans un contexte exigeant qui correspond à son souci du détail et du défi.

Le public : voilà ce qui lui manque. C'est la vraie sanction, et l'école du Club Med est (et demeure) impitoyable. Revenons sur le sketch de la valise des *Bronzés*, le film de Patrice Leconte. Pour ceux qui ne l'ont pas vu (en existe-t-il encore ?), je le resitue en deux mots. Un animateur, joué par Luis Rego, tente, chaque fois que l'occasion se présente, de tester auprès du public des Gentils Membres un sketch dont le pouvoir comique fonctionne au 32e degré. Le GO[1] fait mine de soulever une valise extrêmement lourde, et se contorsionne ainsi quelques minutes devant un public qui ne comprend visiblement pas quand il faut rire. Bref, c'est le bide. L'animateur sort de scène avec le sentiment d'incompréhension caractérisant tout génie

1. Gentil organisateur.

méconnu. Le responsable de l'animation le saisit par le col et tranche :

— Le sketch de la valise, tu l'oublies à présent.

La réalité est celle-là. Élie part sur le chemin difficile de l'amuseur de club de vacances. Il faut étonner. Dès l'accueil. Mais Élie n'est pas à l'aise dans le rôle du GO décontracté qui reçoit les nouveaux venus avec un enjouement de circonstance. Il est plutôt timide et réservé dans la vraie vie. Alors il s'invente un personnage. Avec la formidable logistique du Club, le professionnalisme de ses animateurs, des ateliers de costumes, d'accessoires, de maquillage et de décors, le meilleur se profile. Pour la première fois, Madame Sarfati prend vie, affublée d'un costume préconçu dans sa tête mais fabriqué, au point près, par les petites mains du village.

Cette vieille femme un peu pénible à l'accent piednoir, détonnant parmi les GM[1] en train de débarquer, se mêle à eux, valise en main. Elle demande son chemin, qu'on l'aide à porter son fardeau, fait croire qu'elle va partager la chambre d'untel ou untel, pose des questions idiotes, jusqu'à ce que les vacanciers comprennent avec soulagement, en la voyant monter sur scène le soir même, qu'il s'agissait d'un personnage de composition.

Le Professeur, lui, arbore la robe de bure qui le rendra célèbre. Mis en valeur, le texte gagne en efficacité. Élie, qui ne se sentait pas prêt, entre de plain-pied dans le monde des humoristes.

Le verdict ne se fait pas attendre : les spectateurs répondent immédiatement à ses folies. Le succès est immédiat, sans restriction. Partout où il passe, Élie devient la mascotte. Son métier sera d'amuser la galerie.

1. Gentil membre.

Pour autant, il ne brûle pas les étapes. Il faut poursuivre le travail. L'écriture, quasi interactive, doit tenir compte de l'auditoire. À force de régler chaque rouage, tel un horloger suisse, mon frère en apprend sur ses ressorts comiques. Intérieurement, il grandit.

Dès que son agenda le permet, Claudia le retrouve. Ils reforment encore une fois le duo de leur jeunesse pas si lointaine. S'entourer, c'est aussi se rassurer. Au fil des mois, un cercle de fidèles se dessine. Qui aux costumes ? Qui aux accessoires ? Qui aux lumières ? D'autres apprentis professionnels du spectacle fourbissent leurs armes, et certaines connivences s'amorcent. Ces deux saisons de Club Med décident de la suite. Certaines rencontres sont décisives : Laurence, Mattéo et Marco.

Marco est GO au Club Med. La rencontre a lieu en 1993, à l'époque du Point-Virgule et de l'émission « La Classe ». Le directeur du village, Pierre, invite Élie à se reposer dans un adorable village en Turquie. Il ne s'agit plus de présenter ses sketches, mais de s'asseoir côté public, et de jouir du travail des autres. Un soir de spectacle, une Maria Callas plus vraie que nature se lance dans un play-back réglé au millimètre. Élie reste pantois devant son costume. Il est éblouissant. Aussitôt, il demande à son ami s'il peut rencontrer le costumier. Dès la fin de la prestation, Pierre l'entraîne dans les coulisses et lui présente une Maria sans perruque en train de se changer. Marco, son costumier, entre illico dans l'univers d'Élie.

Il habite alors en Angleterre et n'a jamais vu ni entendu quoi que ce soit sur son futur comparse. Pour remercier Pierre et son épouse Marie-Laure de leur invitation, mon frère leur fait la surprise de monter sur scène. De connivence avec Marco, il se fait confectionner en quelques heures un accoutrement de professeur : première collaboration. Quelques explications sur sa façon de bouger suffisent. Quelques regards ou hochements de tête aussi : ils se comprennent. De son atelier improvisé sort une soutane en velours noir élaborée avec les moyens du bord.

La fin du séjour approche ; les collaborateurs d'un soir parlent chiffons jusqu'au moment de partir. Ils promettent de se revoir. Et ces vœux de fin de vacances qu'on a généralement du mal à tenir (surtout quand la vie tourbillonne comme celle d'Élie à cette époque) se réalisent. Marco se rend compte de l'inimaginable notoriété d'Élie. Au cours de ses sorties, il croise Pierre Palmade, Véronique Sanson, ainsi que tant d'autres qui le rendront plus muet qu'autre chose.

Quelques mois plus tard, alors qu'Élie est en vacances avec Pierre et Marie-Laure dans un Club du Mexique, il retombe sur Marco qui travaille dans ce village à clientèle exclusivement anglo-saxonne. Pour s'amuser, il improvise sur scène, devant une assistance médusée, le sketch de la pub pour la lessive Plouf, dans un anglais effroyable à l'accent français teinté de roulements d'arabe :

— You put on the water… You wash it, you wash it… You rince ! You rince ! You rince… Three time. You smell… Hummm it smell like a flower !

Le lendemain, à table, tout le monde ne parle plus que de ça. Le gimmick est lancé. Lorsqu'ils se quittent à nouveau, Élie fait jurer à Marco qu'ils se reverront lors de son prochain passage à Paris. Croix de bois, croix de fer. La promesse sera une nouvelle fois tenue.

Après trente-trois mois de Club Med, Marco s'installe à Paris et signe en septembre 1995 un contrat avec la styliste Agnès B. Maintenant qu'il a investi la capitale, il assiste au spectacle d'Élie au Zénith, et se laisse entraîner pour le repas qui suit, avec toute la troupe. Face à face, nous discutons toute la soirée. Une évidence s'impose : Élie l'a-t-il déjà formulée dans son inconscient en l'installant à cette place ? Je souhaite me délester de la charge écrasante des costumes, pour me consacrer à mes enfants. Ma vie n'est pas « à refaire », mais j'ai envie de nouvelles choses, de nouvelles expériences, de nouvelles activités, plus personnelles – comme l'ouverture d'un restaurant qui pourrait accueillir toute la famille, la troupe d'Élie. Un restaurant qui ferait hôtel quand il viendrait, et qui aurait un four à pain pour lui cuire les meilleures pizzas de son existence. J'achetai le bar-restaurant « Le Corbusier », édifié par le célèbre architecte en personne, et m'y installai. C'était un magnifique immeuble de cinq étages avec un toit terrasse que l'on retrouve dans le sketch de Mongola. Un rêve de jeunesse !

Sans aucun doute, Marco est l'homme de la situation. D'abord, je lui parle de mon rôle auprès d'Élie, de l'importance des costumes… Oublier un habit de scène dans un théâtre peut conduire à l'annulation d'un spectacle. Il comprend : c'est son métier. Je l'amène sans détour à cette certitude : il doit entrer dans la troupe et apporter sa patte dans la confection des nouveaux costumes pour le spectacle du Cirque d'hiver qui approche.

Le collaboration n'est plus d'un soir, et le duo fonctionne. Le tandem est d'une créativité informelle, impulsive, *« organique »*, selon la formule de Marco, qui s'acquitte fort élégamment de son rôle de régisseur de costumes. D'instinct, il a compris la manière articulée et chirurgicale d'en opérer les changements. Un savoir-faire qui doit également permettre à l'artiste de souffler entre deux tableaux.

Marco, plutôt réservé, parfois sombre, partage malgré tout avec Élie un penchant immodéré pour certaines blagues absurdes qui ne font rire qu'eux. Leur préférée est celle des cochers anglais : dans une ruelle étroite du Londres victorien, deux fiacres peinent à se croiser. L'un des deux cochers doit garer son attelage pour laisser passer l'autre. Le premier demande au second de lui laisser le passage car il transporte quelqu'un de très important. Le second rétorque que ça l'étonnerait, parce que lui-même transporte forcément quelqu'un de plus fameux encore. Le premier dit :

— Plus important que le duc de Manchester ? J'aimerais bien voir ça ! lance-t-il en se penchant pour voir.

L'autre cocher ouvre la porte, désigne d'un geste de la main le passager qui n'est autre que… la reine d'Angleterre *herself*.

— Et ça, c'est de la merde ?

Il suffit que l'un d'eux, à n'importe quelle occasion, dans n'importe quel contexte, clame *« Et ça… C'est de la merde ? »*, pour qu'ils repartent dans un fou rire. Trois ans durant, jusqu'à ce que l'Académie internationale de coupe de Paris le réclame comme enseignant, Marco nous accompagne. Quand la séparation prend effet, les deux amis reprennent le cours d'une amitié plus sereine, exempte des soucis quotidiens. Encore maintenant, Marco fait partie des proches…

Élie a besoin de s'entourer de personnes avec qui il partage des valeurs communes, un sens de la dérision, une complicité tacite. Comme Philippe. Arrivé en 1995 comme technicien-poursuiteur sur un spectacle, il devient l'homme de confiance d'Élie. Il l'accompagne sur toutes les scènes, tous les plateaux de télévision ou de cinéma, et régule sa propension au retard.

Comme Pietro, rencontré dans le centre de formation du Club Med à Pompadour. À l'issue des deux jours de session, ils se perdent d'abord de vue, mais se retrouvent quelques années plus tard sur le plateau de « La Classe ». Pietro assure la régie lumière. Puis, nouvelle éclipse, jusqu'au jour où Élie cherche un nouveau régisseur. L'un de ses collaborateurs lui propose un de ses amis : Pietro. Le clin d'œil du destin empêche Élie de refuser son entrée au sein de la troupe. À quoi bon résister à ce qui est écrit d'avance ?

Élie décrypte les regards. D'un simple geste, il intime ses ordres ou ses mises en garde, comme lorsqu'il referme le pouce sur l'index et pose ses deux doigts joints au coin de son crâne avant de les faire monter à la verticale. Pour ses collaborateurs, le signal est clair :

— Sortez vos antennes et prenez garde à ce qui va venir…

III

DÉCOLLAGE IMMÉDIAT

10

Premières télés, premières chances

Après quelques mois de rodage, Élie conduit en surmultipliée. Il court les auditions et rencontre les producteurs d'une émission que l'on retiendra moins pour sa longévité que pour la première chance qu'elle donne à Madame Sarfati. Seuls les historiens du petit écran se souviennent des premières apparitions de celui qui régnera sur la télévision des années 2000, et qui n'était encore que *« l'animateur le plus con de la bande FM »*. Arthur, puisque c'est de lui qu'il s'agit, préfère peut-être oublier cette *« Émission impossible »*... Élie, en revanche, savoure le bon écho des pitreries qu'il perpètre en direct.

Dans la foulée, il force la porte de « La Classe » (que l'on a pu voir renaître au cours de l'été 2005). Fleuron de FR3 (qui deviendra France 3), c'est l'émission populaire par excellence. Elle est animée par Fabrice (aujourd'hui par le Professeur Rollin), qu'Élie fera indirectement intervenir dans son futur spectacle. Tremplin superbe : sa notoriété explose.

Pourtant, rien n'était gagné d'avance. *« Trop typé »*, arguent d'abord les producteurs. Mais, comme certains de ses camarades de classe (Michèle Laroque, Jean-Marie Bigard, Anne Roumanoff, Gustave Parking, Pierre Palmade ou Lagaf' usent leur culotte sur le même banc...), Élie profite de la fenêtre qui s'ouvre à lui et transforme cette exposition en source d'énergie.

Pendant cette période, alors qu'il débute dans le métier et que les sollicitations arrivent, il ne manque jamais de m'appeler. Chaque jour, je passe plus de temps à lui donner des nouvelles de nous (le nombre plaide en notre faveur) que lui ne me parle de ce qui lui tombe dessus. Même s'il me demande avant même de retirer son costume de scène un avis critique sur ses prestations, j'ai simplement besoin de me rassurer et de faire le lien avec ma mère, mes frères, mes sœurs et lui. Il faut dire que le clan n'envisage pas encore qu'Élie puisse gagner sa vie autrement que dans la prothèse dentaire.

Pour lui en revanche, c'est déjà de l'histoire ancienne. Le rêve d'enfant se réalise : intégrer la grande famille du spectacle. Ce rêve, il souhaite me le faire partager. Moi aussi, la scène, les paillettes et les applaudissements m'attirent. Petite, chaque prétexte était bon pour un spectacle. À la maison ou à l'école, la scène était mon royaume. Avec mon frère, aucune chorégraphie ne nous effrayait. Nous chantions, dansions ou jouions les standards de l'époque. Notre idole, c'était Clo-Clo. Le nombre de Claudettes que j'ai pu engager pour sévir dans les kermesses ! Toutes les filles du quartier en état de bouger se trémoussaient en rêvant de magnolias *« forrrrr ever »*, ou en se demandant pourquoi le lundi était plus ensoleillé que les autres jours. Pour des Marseillais, le soleil n'est pas hebdomadaire !

Toutefois, même s'il trépigne d'impatience en attendant la rentrée télévisuelle, le bonheur a ses nuances. Car Élie est un artiste solitaire. La dynamique de groupe, l'esprit proche du potache et l'atmosphère « colonie de vacances » ne sont pas son idéal. Néanmoins, même si les producteurs de théâtres parisiens s'en défendent, mieux vaut proposer un artiste *« vu à la télé »*. Certains, comme Bigard, se produisent dans la même salle que lui. Après la promotion Café de la Gare (Miou-Miou, Coluche, Dewaere...), du Splendid (Clavier, Lhermitte, Blanc, Jugnot, Chazel, Balasko et autres Bronzés), la promo du théâtre de Bouvard (Mimi Mathy, Michèle Bernier, les Inconnus, Laspalès et Chevalier, etc.), voici la promo Fabrice : une promo d'enfants de la télé.

Étrangement, « La Classe » ressemble à l'école de la vie – avec les chouchous, les rivalités, les cancres, les injustices, les punitions. Élie, à l'instar de certains de ses camarades (comme on dit à l'école), vit cette période comme un mal nécessaire. Toutes proportions gardées, Élie se confronte aux difficultés auxquelles se heurtent aujourd'hui les nouvelles stars de la télé-réalité. Mêmes avantages, mêmes inconvénients. Mêmes opportunités, mêmes préjugés. Heureusement, le contrat signé avec le Point-Virgule, l'un des meilleurs cafés-théâtres, est (de peu) antérieur à sa nouvelle exposition médiatique.

Chaque soir, la France qui aime rire rencontre les personnages de la galerie d'Élie. Puis, sur scène, l 'engouement du public, tant à Paris qu'en province, continue de croître. L'exposition quotidienne paye, et le résultat ne se fait pas attendre. Marie-Caroline, l'illustre productrice du Point-Virgule, se souvient de cette époque bénie *(voir p. 89)*, durant laquelle trois artistes faisaient salle comble : Bigard, Palmade, Kakou. Un trio prometteur !

Seul en scène, seul à l'écriture, Élie assume parfaitement sa gloire naissante.

Couvé par Claudia, rassuré par l'omniprésence de la famille, il grimpe les échelons à la vitesse d'une grenouille qui voudrait sortir de son bocal afin de chanter le printemps. Pour s'extraire de son aquarium confortable et passer en « classe » supérieure, le temps est d'ailleurs venu de songer à trouver un impresario. Dans le show-business de l'époque, un dicton circule : *« Si tu souhaites t'endormir, compte les Marouani. »* Ce nom magique est un sésame : figures mythiques du monde des étoiles, ces frères symbolisent la réussite d'un artiste – qu'il soit chanteur, comédien ou humoriste. Élie ne vient pas du sérail. Pourtant, il connaît comme tout le monde quelques agents prestigieux. Il essaie et teste les Marouani comme on lit un mode d'emploi – cela paraît la moindre des choses. Puis cède rapidement aux sirènes d'Eddy Barclay, grand découvreur de talents. Un Barclay prophétique lorsqu'il dit : *« Je pense sincèrement qu'il ira très loin. J'ai travaillé pendant deux ans aux côtés de Louis de Funès dans un cabaret où nous étions pianistes. Louis me faisait hurler de rire en jouant les faux méchants. J'ai la même sensation avec Élie. »* Par ailleurs, le noceur de Saint-Tropez lui offre la garantie de continuer à mener la vie nocturne dont raffole Élie. Le gage absolu de rencontrer les stars, celles qu'il rejoint chaussé de ses nouvelles bottes de sept lieues. Sept lieux, sept scènes : des salles du mouvement de jeunesse en passant par La Payotte, le Club Med, Arthur, « La Classe », le Plateau 26, où je découvrirai, fascinée, tout ce qu'il aura travaillé au Club, et à présent le Point-Virgule, l'antichambre de la réussite. Un chemin au long duquel il glane et se remémore quelques détails indispensables. Il profite de ses rencontres : des journalistes, des producteurs de télévision ou des artistes de la même écurie... Et en conclut qu'un agent enlève à l'artiste un peu de sa liberté.

Liberté de tourner dans de petites salles de province parce qu'il « sent » bien le patron de la salle. Liberté de jouer dans des courts-métrages de copains, gratuitement, ou simplement de recevoir toutes les propositions qui lui sont adressées, si saugrenues soient-elles. Un soir, alors que nous placardons des affiches de son spectacle dans Paris, il maugrée :

— Je n'ai pas pris de producteur pour coller mes affiches. Et si je dois le faire, je préfère me produire moi-même !

Il ne veut pas de censeur ou de quelqu'un qui décide à sa place. Certes, tous les agents vous diront qu'ils laissent toujours le choix à leur artiste, mais combien répercutent l'intégralité des demandes sur l'artiste ? Combien vous disent, lorsque la proposition atterrit directement dans la boîte de l'artiste, qu'ils ne lui en avaient même pas parlé parce que ce n'était pas digne de lui ? Un agent est rémunéré sur les cachets. Dans ces conditions, un artiste bénévole ou engagé dans de grandes causes n'est pas rentable. Consciemment ou pas, un agent privilégiera toujours la piste de l'argent. Pas question de lui en vouloir pour ça. Néanmoins, cette forme de subjectivité induit une forme de dépendance qu'Élie refuse. Autre risque : l'agent qui se sent plus artiste que l'artiste. Élie, qui aime les gens, ne supporte pas que son cercle se comporte mal, de façon hautaine ou irrespectueuse, sous le seul prétexte qu'il « protège » l'artiste.

Aidé et poussé par deux amis marseillais, Christophe et Arthur, il monte sa propre structure de production, la Kakouphonie, qui s'occupera de tout. Mais l'expérience ne dure pas plus de six mois. Élie et ses deux acolytes ne partagent pas forcément les mêmes valeurs, alors que les choses avancent au rythme d'un cheval au galop. Ils ne percutent pas à la même vitesse. Leur vision du partage des rôles et du pécule n'est pas non plus exactement identique. L'affaire se réglera dans le feutre d'un cabinet d'avocat. Parce qu'Élie avait le souci de ne léser personne.

Les copains se quitteront avant l'Olympia. La séparation ne sera pas moins douloureuse que celle d'un couple voué à un partage durable. Ils devront quitter notre « kibboutz », à un moment où nous étions dans l'euphorie de la préparation d'une vraie grande salle. Une forme d'amertume, inévitable, contrastant avec l'excitation ambiante, parasitera leur amitié qui renaîtra bien plus tard.

Malgré cet échec, coûte que coûte, il faut franchir un cap dans la quête d'indépendance. Élie décide rapidement, dès le Point-Virgule, de se produire lui-même. Cela impose quelques sacrifices financiers, mais qu'importe ! Sur ses propres deniers, mon frère rémunère son attachée de presse, ses producteurs et les piliers de son équipe, mais la liberté est à ce prix. On ne transige pas là-dessus. Maintenant que sont clarifiés les aspects juridiques et fiscaux de sa structure, il engage lui-même les membres de son équipe, en prenant soin de fixer au préalable les règles du jeu. La société, les gens qui y travaillent doivent en tout point véhiculer son image, ce qu'il est.

11

LAURENCE, PATRICK, PHILIPPE ET LES AUTRES

Élie rencontre Laurence en 1990, alors qu'il se produit au Club Med, à El Housseima, dans le nord du Maroc. La jeune femme est en vacances, invitée par le chef de village pour retrouver son mari, Christophe, et elle danse lors des spectacles du soir. Ils sympathisent et promettent de se rappeler dès leur retour. Revenus en France, ils se revoient à intervalles réguliers. Quatre ou cinq fois par an, autour d'un plat de pâtes.

Lorsque Laurence achève ses études, il lui propose de travailler avec lui. D'abord à mi-temps, tant que Christophe et Arthur l'accompagnent, puis à temps plein. Elle sera désormais seule à bord et gérera la partie administrative, ainsi qu'une partie de la production exécutive et l'organisation des tournées. Et ce, quatre ans et demi durant.

En 1993, Élie squatte le Point-Virgule à Paris, et se produit au gré des demandes dans des salles de province. Laurence et son caractère bien trempé sont pour Élie une forme d'exutoire. Il abhorre le conflit. À la première complication, il se repose sur elle et lui laisse gérer le problème.

Pour leur plaisir mutuel, il lui propose, dès qu'il introduit ses premières chorégraphies, d'apparaître sur scène. Comme au bon vieux temps du Club. La tradition s'impose : Laurence est omniprésente. Harassée, débordée par son travail administratif, il est d'usage qu'elle montre le bout de son museau. Ne serait-ce que pour un bref aller-retour avec un costume de fortune.

Le jour, elle gère l'ascension météorique d'Élie. Cette escalade fulgurante exige des salles toujours plus grandes. Au bout de quelques mois, le Point-Virgule ne suffit plus. Traditionnellement, un comique se rode une saison ou deux dans des cafés-théâtres dont les capacités tournent en moyenne autour de 120 à 150 places. En fonction du succès, l'horaire est de plus en plus prestigieux. Lorsqu'il s'installe dans la case du week-end, à 20 heures ou 21 heures, la consécration approche. Puis il gravit les échelons, remplit des salles de plus en plus grandes. Dans le meilleur des cas, deux ou trois années sont nécessaires. Élie, lui, trace sa route à toute allure. En huit mois, il passe du Point-Virgule au Déjazet, et finit à l'Olympia. Cela se passe de commentaires...

La télévision amplifie considérablement la légitimité qu'il a acquise sur les planches. « La Classe » constitue sa véritable première rampe de lancement. Puis arrive l'animateur le plus branché du moment, Arthur. Sans parler d'accident industriel, l'audience s'étiole néanmoins de semaine en semaine. Juste le temps que Madame Sarfati s'installe dans les foyers. Un insuccès sur TF1 est toujours relatif... Plusieurs millions de téléspectateurs font connaissance avec le personnage. Ce passage complète formidablement le public plus « large » de FR3. Élie touche maintenant une cible plus urbaine, plus branchée, sur laquelle mère juive fonctionne admirablement.

Puis, un beau soir, alors que Laurence dîne en compagnie de son ami et professeur de danse Patrick, celui-ci ne tarit pas d'éloges sur un artiste qu'il vient de découvrir. Patrick parle d'Élie tout au long du repas.

Les dithyrambes pleuvent sur cet humoriste si drôle et si fin. Il fait jurer à Laurence d'aller le voir et de lui donner son avis. Il lui tend une petite carte postale avec les coordonnées de l'artiste, les jours et l'horaire du spectacle ainsi qu'un numéro pour réserver. Nul besoin de préciser que Patrick lui propose en toute sérénité de découvrir Élie, et que le numéro de téléphone écrit sur le carton est celui du Point-Virgule, la salle avec laquelle elle converse plusieurs fois par jour !

Elle lui sourit. Elle s'aperçoit qu'ils n'ont jamais vraiment parlé de leurs boulots respectifs. En prenant soin de ménager son effet, elle lui avoue qu'elle est, depuis quelques années, l'assistante de ce type réellement génial ! Le soir où Patrick s'y est rendu, elle ne l'a pas vu : elle se trouve en coulisses, puisque ce jour-là a lieu la captation du spectacle par Gérard Pullicino[1], célèbre réalisateur (de « *Taratata* » notamment). Elle savoure la mine éberluée de Patrick, la mâchoire qui se décroche de stupeur. Elle l'invite au Déjazet, salle plus grande que le Point-Virgule, à deux pas de la place de la République. Patrick fait partie des invités permanents et ne se prive pas de voir et revoir le spectacle avec un réel enthousiasme. Il laisse des mots à Élie, des fleurs dans sa loge. Il est, comme disent les Américains, son « premier fan ». Élie s'en amuse. Il aimerait le rencontrer, mais Patrick est discret, très réservé. Il utilise maints prétextes pour échapper à ce rendez-vous si intimidant.

---

1. Réalisateur complice de Nagui (« Taratata », « La Brosse à dent », « Vous ne rêvez pas », « Ombre et Lumière »), Gérard Pullicino a également réalisé les DVD de Patricia Kaas, Liane Foly ou Johnny Hallyday, et mis en scène son premier long-métrage, *Babel* (sorti le 7 avril 1999) avec Maria de Medeiros, Tchéky Karyo, Michel Jonasz et Nagui. Marseillais comme Élie, il l'avait rencontré à l'Hachomer Atzaïr.

Puis vient le moment où il ne peut plus y couper. L'Olympia se profile. Élie a décidé de faire connaissance avec l'homme des fleurs, l'un des meilleurs amis de sa plus proche collaboratrice. Il fixe un ultimatum à Laurence. Patrick doit se faire violence. Sinon, plus d'invitation. Le chantage est de taille, et les deux hommes se voient.

Deux jours plus tard, Élie sort de son immeuble rue de la Roquette, et tombe nez à nez avec Patrick, qui habite dans le coin. Il l'entraîne dans un café. Ils sympathisent. La glace se brise. Patrick raconte sa vie. Son activité. Élie, avec la capacité d'écoute qui le caractérise, avale son café en buvant ses paroles.

Une autre salle se prépare. Majestueuse, mythique. Le panthéon du spectacle pour Élie : le Cirque d'hiver. Patrick a décidé de plaquer entrechats, étirements et petits rats… Il souhaite vivre d'autres aventures plus spectaculaires, et propose ses services à ce moment-là. Il veut participer, de l'intérieur, à cette équipée. Quitte à balayer le bord de la scène, porter le café ou allumer les cigarettes de l'artiste.

— Tu m'as suivi, n'est-ce pas ? lui répond Élie. Poursuivi, même… Eh bien, soit. Tu seras donc engagé sur le spectacle du Cirque d'hiver comme… poursuiteur !

Deux poursuiteurs travaillent sur ce spectacle. Deux responsables pour un projecteur à faisceau rond et précis qui, comme leur nom l'indique, braquent la lumière sur les personnages tels qu'ils sont indiqués sur le plan scénique. La charge est lourde ! Au Point-Virgule, un autre technicien de circonstance l'a précédé, le fameux soir de la captation du spectacle. Il s'agit de Gad Elmaleh ! Copain avec Élie, il s'est proposé pour devenir le premier homme-lumière non-professionnel de notre histoire.

Les deux ou trois premiers jours, les techniciens accueillent froidement Patrick. Il n'est pas du sérail. Ce n'est qu'un danseur, pas un éclairagiste. Le rond de lumière, c'est un métier. Mais Élie tient bon. Il n'a pas à justifier ce choix. Et Patrick, en vrai gentil qu'il est, finit par emporter l'adhésion de tous. Aujourd'hui encore, si vous le croisez dans sa nouvelle vie professionnelle, vous n'obtiendrez des jeunes femmes de l'accueil, du gardien de l'immeuble, du chef de la sécurité ou de la dame de la cantine, que louanges et pluies de compliments !

Patrick part en tournée avec toute l'équipe. Élie lui demande un jour :

— Tu étais bien fan de moi au début ?

— Je l'ai toujours été, répond-il du tac au tac.

Élie frappe alors sur la table :

— Eh bien, c'est parfait alors. Tu vas pouvoir t'occuper aussi de mon fan-club.

Les courriers qui parviennent à la Kakouphonie s'empilent. Élie ne supporte pas l'idée de ne pas répondre aux sollicitations de son public. Il devient urgent de créer une cellule apte à traiter les lettres de fans, à répondre aux doléances, à satisfaire leur curiosité (dans les limites du raisonnable). C'est ainsi que Patrick devient préposé au courrier le jour, tandis qu'il demeure poursuiteur le soir.

Il prend en main les rênes du club des adorateurs d'Élie, et se charge de le faire tourner. Plus de mille personnes y adhèrent. Patrick orchestre la publication du magazine, composé de photos personnelles d'Élie, de lettres particulièrement émouvantes, de dessins, de poèmes et d'informations diverses sur les tournées, l'actualité télévisuelle ou événementielle.

En mai 1997, Patrick entre officiellement dans le gotha qu'il convoitait : nommé second pilier de la Kakouphonie, il l'est encore à ce jour.

La couveuse est au complet. Les deux amis protègent Élie. Parfois au-delà du raisonnable, même si je suis sûre, à présent, que « le petit » y trouvait son compte.

Élie apprécie le confort, la sécurité que lui offrent ses deux collaborateurs et amis intimes. Il peut entièrement se reposer sur leur jugement, jusque dans les coulisses du spectacle. Leur déléguer l'intégralité des tâches qu'il ne souhaite plus accomplir. Sorti de scène, après leur avoir adressé un clin d'œil au moment du salut, sa première question est de savoir comment ils l'ont trouvé. Il les bénit chaque jour de la somme de travail rebutant et paperrassier dont ils le délestent. Chaque personne dans sa case.

Ce qui les classe comme des êtres à part est certainement qu'ils ne lui inspirent aucun personnage, aucune situation cocasse. Il ne les côtoie pas pour se nourrir de leur originalité, mais pour signer les chèques ou parapher les contrats. Et recevoir des avis pertinents, dénués de tout intérêt personnel.

Si Laurence se défend de jouer un rôle de mère poule, c'est tout relatif ! Avec le recul, elle l'admet d'ailleurs, mais il faut dire que la configuration de l'entreprise favorise ce type de comportement. Élie possède un appartement sur trois étages rue de Montreuil. À l'étage du bas, les bureaux de la Kakouphonie. Au-dessus, deux étages d'espace de vie et de réception. *« Un étage pour le jour et un pour la nuit »*, comme dit Élie. Une promiscuité permanente. Une immersion totale.

Vers 9 h 30, Patrick et Laurence arrivent au bureau. Élie se réveille vers 11 heures, descend les saluer, remonte se préparer, passe quelques coups de fil, relève les messages de son répondeur et déjeune avec le duo. Parfois, l'un d'entre eux lui apporte le café dès qu'il ouvre l'œil, quand le bruit d'en haut indique qu'on peut monter – souvent armé d'un parapheur. C'est le meilleur moment pour arracher une signature sans avoir à palabrer sur les raisons de l'obtenir. Ils peuvent venir.

Élie n'a rien ni personne à cacher. Souhaite-t-il fonder une famille ? A-t-il des aventures ? De véritable amour, je ne lui connais que Claudia. Le spectacle lui prend et lui donne tout. Sa maîtresse est son auditoire. Insatiable. L'énergie qu'un individu peut déployer dans l'amour, il la réserve à son public. La structure, en autonomie quasi totale, ressemble à une sorte de kibboutz urbain. Élie peut rester chez lui sans sortir de la journée tout en administrant sa société ou en remplissant ses obligations.

Les rôles sont cependant définis – tout comme les espaces. Chacun possède la clé de son entrée, même si toutes les parties communiquent. Laurence ou Patrick ne passent jamais une nuit à travailler au bureau. Ni à dormir d'ailleurs. Isabelle[1] et moi, lorsque je suis à Paris, logeons chez Élie. Philippe, chauffeur, homme de confiance et de confidences, partage aussi l'essentiel de son quotidien.

Pendant les tournées, Patrick tient le volant de la Kakouphonie. Cela permet à Laurence, figure emblématique, programmatrice incontournable, de déléguer une partie de son activité, de présenter son camarade aux interlocuteurs habituels et de prendre (enfin !) ses vacances. Au sein de la troupe, elle rencontre celui qui deviendra son mari. Le temps viendra pour elle de materner autrement, d'enfanter pour la première fois. La conscience professionnelle de Patrick, sa fidélité inaltérable, autoriseront aussi de plus longues échappées loin de Paris, comme ce séjour mémorable en Nouvelle-Calédonie.

1. Voir chapitre 13, p. 89.

L'été 1997 arrive. Les tournées estivales se succèdent. Arles, Vaison-la-Romaine… Élie apprécie particulièrement cette période, car il se produit la plupart du temps en plein air. En bon fils de la Méditerranée, il se réjouit de cette intimité particulière que lui procurent le toit d'un ciel étoilé, le cliquetis des grillons et l'odeur de pins parasols. Cette ambiance de vacances lui rappelle ses débuts d'amuseur au Club : de bons souvenirs. Il devient badin, et juge l'occasion idéale pour présenter sa famille au grand complet sur la scène des théâtres antiques. Il convainc Laurence, Patrick, son chorégraphe Mattéo et moi, de l'accompagner par le biais d'apparitions furtives. Chacun dans son registre. Les trois premiers cités comme danseurs, et moi comme ombre.

Patrick, qui a fait, selon ses propres termes teintés d'ironie, *« ses adieux à la scène »*, n'imaginait pas se produire à nouveau. Mais il imagine encore moins décevoir Élie. L'invitation tient plus de la convocation : un moment solennel orchestré par Élie, avec la complicité de Laurence. Patrick grommelle d'abord à sa camarade qu'on ne l'y reprendra plus, mais il est bien obligé de se plier. Il monte les escaliers en colimaçon du bureau avec la ferme intention de ne pas transiger. Mais lorsqu'il découvre le sourire d'Élie au moment de lui présenter l'affaire, il se déballonne comme une baudruche, ravale ses ronchonnements et redescend quelques instants plus tard avec un passeport pour le sable des arènes.

Lorsque nous découvrons le visage transfiguré et rayonnant de Patrick sur scène, je comprends quel magnifique cadeau Élie vient de lui faire. Initialement prévu pour trois dates, il enchaîne avec ses camarades de fortune l'intégralité des neuf mois de tournée – Belgique et Suisse comprises. Dans les rapports que

Patrick entretient avec Élie, l'étape est décisive. Elle lui permet de vivre à fond cette expérience unique. Un peu comme si vous ne pratiquiez le golf qu'à travers les jeux vidéo : la machine ne restitue pas toutes les sensations d'un fer qui fouette une balle. Quand les salles se révélent trop exiguës (moins de mille places en général), Élie est seul en scène. Dans les autres, de type « Zénith », les danseurs regagnent leur poste.

Parmi eux, nous retrouvons les femmes fortes, compagnes de voyage enjouées dont le casting a eu lieu au sein même de l'appartement, au deuxième étage. Pour ce faire, nous avons poussé les meubles et nous leur avons demandé de traverser l'espace. En fin de compte, les danseuses plus que replètes ondoieront du bassin entre deux sketches, sur fond de musiques orientales. Leur première apparition date du Cirque d'hiver.

Activité tout aussi originale, Patrick et Laurence tiennent aussi lieu de médiateurs vis-à-vis de la famille. Je remplis certes ce rôle, mais ils sont en contact avec Élie dès son lever et le croisent toute la journée. La famille prend peu à peu l'habitude d'appeler la Kakouphonie. Deux coups de fil quotidiens, minimum. Comme toutes les mères juives, persuadée qu'on lui cache quelque chose, Suzy multiplie les sources de renseignements. Deux appels auxquels s'ajoutent les conversations journalières entre Élie, ma mère et moi. Comme des journalistes fureteurs, notre mère, nos sœurs, nos frères et nos tantes recoupent sans cesse les nouvelles.

Exemple d'information primordiale : la vente de billets. Laurence est contrainte, comme les salles de cinéma chaque mercredi, dès midi, d'égrener l'état des réservations dans chaque salle, chaque ville dans laquelle la location est en cours. Il est entendu qu'elle est l'unique source de renseignements à ce sujet pour éviter les doutes et les comparaisons. Car officiellement (du moins pour la famille), les salles affichent toujours complet dès l'ouverture des locations (ce qui finit néanmoins par arriver). Une manière de tirer les leçons du passé. Car Laurence, un jour, connut le malheur d'annoncer un vrai chiffre, fort encourageant, qui laissait présager que la salle serait comble peu de temps après l'ouverture des guichets. Elle dut pourtant passer des heures au téléphone pour expliquer que c'était normal : il fallait attendre les remontées des points de vente et de la télématique. Autant parler javanais. Dès lors, toutes les salles furent bourrées jusqu'au moindre strapontin. C'était promis.

Plus tard, alors qu'Élie était rongé par le cancer, Patrick, sa journée professionnelle terminée, se muait en cuistot de luxe. Il mitonnait de petits plats dignes des meilleurs restaurants, sélectionnait les meilleurs vins. Juste pour qu'Élie picore quelques bouchées, qu'il avale quelques lampées alors que plus rien ne passait dans son estomac, et qu'il ne pouvait presque plus quitter son lit.

Depuis, Laurence et Patrick sont toujours partie intégrante de la cellule familiale. Aujourd'hui, malgré un travail de haute volée dans un organisme de crédit, Patrick continue à gérer les droits d'image d'Élie, pour la télévision, la presse et l'édition. Je lui aurai demandé conseil pour choisir la couverture de cet ouvrage. Il aura relu le manuscrit, donné son avis, et m'aura certainement demandé de supprimer certains passages portant atteinte à sa modestie. Il aura également transmis toutes mes demandes, toutes mes interrogations, pour en discuter avec Laurence, qui, alors qu'elle travaille dans une chaîne de télévision du service public, ne compte pas son temps dès qu'il s'agit de la mémoire d'Élie.

12

TRAVAILLER ENSEMBLE ?

Les collaborateurs d'Élie m'assurent qu'il y a énormément de moi dans les parodies de mon frère, dans les gestes, les expressions ou les paroles. J'ai beau voir et revoir ses spectacles, je ne me suis jamais reconnue… Il n'empêche que nous sommes comme le yin et le yang : complémentaires et indispensables. L'eau et le feu. En alternance. Élie est une bête de scène, mais reste très réservé dans le quotidien. À l'inverse, je suis extravertie dans la vie, comme une fille du Sud, mais les projecteurs me tétanisent. Élie s'en amuse. Il me prévient quelques secondes seulement avant mes apparitions, afin que le trac ne m'envahisse pas. Dans les dîners en ville, j'amuse la galerie alors qu'il préfère demeurer en retrait.

Patrick affirme qu'Élie est sur scène ce que je suis dans la vie de tous les jours. Il va jusqu'à prétendre qu'Élie envie mon aisance au quotidien. Personnellement, je ne le jurerais pas. Je ne me rends pas compte qu'il est mon meilleur spectateur. Le plus attentif. Le plus indulgent aussi. Il pleure de rire devant mes blagues ou ma façon de me donner en spectacle, mais je pleure autant que lui de ses accès d'hilarité – parfois sur des phrases idiotes, des regards, une moue, au grand dam de nos hôtes qui n'en comprennent pas toujours la raison. Nous ne visons personne en particulier.

Pourvu qu'on ne nous en tienne pas rigueur : la plupart du temps, il s'agit de références à l'enfance ainsi qu'aux gens qui l'habitent.

Est-ce la nostalgie de nos premières années ? Le désir de faire partager ce qu'il vit ? Brusquement, Élie me place devant un choix douloureux : accepterais-je de jouer avec lui, dans sa cour, comme les deux gamins que nous sommes ?

Si je souhaite vivre en grand, dans le monde réel, tout ce que nous avons imaginé, cela ne tient qu'à moi. Ma place est réservée. La petite voix qui me trotte inlassablement dans la tête me dit d'y aller, mais tout cela implique de quitter Marseille, ma famille, mon mari, mes enfants et mon travail.

Que faire ? Qu'auriez-vous fait à ma place ? Non sans affronter un océan de culpabilité, j'entre dans la danse. Évidemment, compte tenu de ce que je m'apprête à vivre, même si cela ne dure que le court temps de son ascension, je serais indigne de le regretter.

C'est le grand saut. J'ignore de quoi relève mon quotidien à venir, ni de quoi je vivrai. Je ne sais pas non plus si mes compétences seront utiles à l'activité d'Élie, dont je ne connais pas le détail. Néanmoins, mon frère n'a pas à déployer de trésors de persuasion. Il m'assure que ma place est auprès de lui. Parce que je suis sa sœur, qu'il a besoin de me sentir à ses côtés, que nous toucherons ensemble la planète chimérique que nous désirons visiter. Je saute prestement dans l'infini qui nous sépare. Je le rejoins. Il n'y a pas plus précieux que les costumes qu'il a conçus. J'en serai le cerbère, la nounou, l'infirmière. Chaque pièce est unique, échafaudée avec tout le talent et la patience dont il est capable. Il n'imagine pas les voir manipulées par un inconnu.

La question se pose dès qu'il part en tournée. Plusieurs dizaines de cintres encombrent les vestiaires. Les frusques de tous ses personnages doivent se présenter à l'identique chaque soir. Il faut une personne capable de ranger, nettoyer, réparer et recoudre chaque relique.

Il me choisit. Je suis la personne en qui il a le plus confiance. Comme un autre lui-même. Son double, sa jumelle, sa sœur. Moi. Cette mission se double d'un rôle d'habilleuse, et je comprends vite pourquoi cela ne peut être que moi.

Mon frère est extrêmement prude. Il ne supporte pas qu'on le voie en slip, le torse ou les jambes nus, tandis qu'il se change sans prêter attention à autre chose qu'au geste précis qu'il exécute pour se changer. L'époque des débuts où l'on se dévêtait dans l'arrière-salle est finie. Les costumes occupent un volume si important qu'une pièce est allouée au stockage et à l'habillage. Un lieu où se nichent par exemple l'intimité de Madame Sarfati, ses formes… Des secrets qu'un magicien ne dévoilerait pas. Élie est ce transformiste qui ne supporte pas l'idée qu'on le surprenne dans une tenue inappropriée. Au-delà, il lui est encore plus impensable de montrer l'envers du décor : cela fait partie de la magie du spectacle, et je deviens la garante de ce secret.

Loin des miens, j'attends qu'un espace-temps de trois jours se dessine pour prendre l'avion et rejoindre ma famille dans son cocon marseillais – loin du bruit, des applaudissements et de la fureur. Je passe d'un univers à l'autre sans effort. Je me sens bien partout. Je pourrais me sentir mal en tournée, loin des miens, ou mal en famille, loin d'Élie, mais je joins les deux bouts. L'aventure me grise. Rien ne tempère ce bonheur. Non que je me satisfasse de poussières d'étoiles : mon implication dans le dispositif est importante. J'en suis consciente. Ma participation est active, épuisante, souvent stressante, mais infiniment gratifiante, et lorsque notre troupe arpente le sud de la France, famille et spectacle se retrouvent. Il n'est pas rare que les enfants suivent les péripéties de notre entreprise.

Certes, ma vie de couple est réduite à la portion congrue. Ce que je vis compense néanmoins beaucoup de ce manque affectif. Mon immersion dans une autre vie m'empêche de remarquer les cumulus qui s'amoncellent à l'horizon. Le quotidien m'envahit et je donne aux enfants le temps qui me reste. Je n'ai pas conscience que mon mari rumine dans son coin, dans ce grand vide que je lui impose. Il y est comme suspendu. Il souffre mais nous n'en parlons guère. Pas le temps. Pas envie. Je connais une exaltation sans limite tandis qu'il se contente des miettes d'un festin qu'il suppose succulent. Nos chemins s'éloignent. Nos sphères ne communiquent pas. À mon retour, quand Élie nous quittera, notre idylle prendra fin. La séparation ne sera qu'une formalité.

A posteriori, j'ai la conviction qu'à cette époque mon mari jalouse Élie. Pas tant pour sa réussite et ce qu'il est devenu, car il l'admire sincèrement. En tout premier lieu, il envie notre relation fusionnelle, qui l'exclut *de facto*. Ce qui l'insupporte également, c'est que mon frère assume ma subsistance à sa place. Et, par extension, celle d'une partie de sa famille. Élie le dépossède d'une partie de son rôle, tout en lui volant une indispensable dose d'affection. Fragile en apparence, mon frère donne l'impression de régner sur la famille. D'imposer ses préférences. Lui qui a toujours été « le petit » dicte ses choix. L'argent n'est qu'un détail dans ce qui le place au sommet de la famille : sa réussite, acquise à force d'énergie, de travail et de talent, impose le respect. Une valeur inestimable dans notre culture. S'il ne songe pas un instant à contester l'autorité paternelle dont a hérité Charlie, il parvient dorénavant à se faire entendre dans le concert assourdissant des ego fraternels. À présent, sa voix compte.

Au fil des mois, mes humeurs vont avec celles d'Élie. Avec lui je plane, je déborde d'énergie, je soulève des montagnes. Sans lui, la grisaille ternit les heures qui me séparent de nos retrouvailles. Quand il descend à Marseille, je suis incomparablement plus enjouée que lorsque j'y vais seule. Je fais des emplettes, je cours dans tous les sens, j'organise de somptueuses réceptions familiales qui le placent au centre de toutes les attentions. Aujourd'hui, je mesure ce que j'ai imposé à mon mari. L'affront que je lui faisais.

Dès qu'il s'agit de satisfaire mon frère, je redouble d'imagination, tandis que mon implication d'épouse est toute banale. Je me laisse entraîner avec beaucoup de complaisance dans le monde que m'offre Élie, sans me soucier des dommages collatéraux – qui ne sont pas du tout négligeables. Je ne me cherche pas d'excuses, je suis consciente de l'égoïsme de ma démarche, mais il est vrai que le lien de notre enfance, ce lien du sang, résonne aussi bien que le fameux appel de la forêt de Jack London.

Mes enfants, apparemment, n'en souffrent pas autant. Mes deux garçons, nés à dix-neuf mois d'écart, vouent une admiration sans borne à leur oncle, aussi médiatique que chaleureux. Sa présence est immanquablement synonyme de fête, de rires et d'énergie positive. Un spectacle permanent. Un enthousiasme que mon mari subit encore. Un bonheur qui lui inspire, à tort, comme un sentiment de médiocrité sur son propre compte. À lui seul, il n'est pas capable de proposer ce type de moments uniques. Mais qui le pourrait ? Il n'est pas Élie. Personne n'a été, n'est et ne sera Élie.

Peut-être imaginez-vous de fabuleuses soirées qui s'étirent, illuminées par la star qu'il est devenu, comme cette scène de *Coup de foudre à Notting Hill*, où Julia Roberts rencontre la famille de son fiancé libraire, interprété par Hugh Grant. Chez nous, la situation n'est pas exactement la même : Élie reste le « petit » frère, un membre de la famille qui enlace sa maman, demande conseil à son frère aîné, et ne se sent pas différent de l'enfant qu'il est, malgré le folklore de la célébrité. Entre le modeste monde auquel nous appartenons et celui, rutilant, des paillettes, Élie ne conçoit pas qu'un trou se creuse. Tous les grands artistes vous le diront : leur rapport aux autres ne change pas. C'est l'inverse, souvent, qui se produit. Les amis qui se dispersent… Si les « pièces rapportées » peuvent éprouver une distance, comme mon mari, la famille reste unie. Car Élie a besoin de cette chaleur, de cette authenticité, contrastant avec les apparences souvent trompeuses du monde qui l'a adopté. Parler avec ses neveux, les gâter, les écouter raconter leur quotidien, lui est essentiel. Au-delà de son amour pour eux, son imaginaire a toujours faim, et chacun retrouve de petits morceaux de soi disséminés çà et là, sur scène. Y compris mes enfants. Y compris mon mari.

13

Le Point-Virgule (entretien)

« Je suis comique, je suis sûr de mon talent, mais je ne suis pas Élie Kakou. Comment faire pour entrer dans le cercle fermé des amuseurs du Point-Virgule ? » : *voici l'une des nombreuses questions que posent les artistes en herbe aux entrées des cafés-théâtres. Marie-Caroline, figure historique de la célèbre salle parisienne, répond et fait un point sur les débuts d'Élie sur sa scène.*

Rappel historique, tout d'abord, en guise d'hommage aux illustres prédécesseurs, les pionniers du Point-Virgule. Alors que le théâtre se construit, sous le nom de La Veuve Pichard, ils se nomment Gérard Lanvin, Martin Lamotte, Anémone, Mimi Mathy. Puis débarquent à deux mois d'intervalle ceux que nous avons déjà évoqués : Bigard et Palmade. Puis Élie... Comment sont-ils arrivés jusqu'ici ? Comment les talents d'aujourd'hui ou de demain pourront-ils marcher sur leurs traces ?

C'est très simple. Le principe du Point-Virgule est celui d'une scène ouverte, sur laquelle peuvent en théorie évoluer tous ceux qui ont obtenu leur sésame à la suite des auditions qui se déroulent régulièrement. Le principe est immuable depuis la création du cabaret, les règles n'ont pas changé. N'importe quel quidam peut s'inscrire. Comme tout un chacun, il aura dix minutes pour nous convaincre de lui laisser fouler nos planches. À la réflexion, je trouve d'ailleurs impropre le terme d'auditions, puisque cela relève davantage de la rencontre artistique. L'artiste en herbe est confronté à un vrai public, et nous sommes aussi à l'écoute de chaque réaction. Il peut en théorie s'agir de n'importe qui : du jeune imitateur qui mise tout son avenir sur une hypothétique carrière artistique sous les *sunlights*, au cadre bancaire qui s'offre une récréation entre deux prêts immobiliers, en passant par la caissière de supermarché qui attend l'opportunité de changer de vie. Aucun n'est présumé plus talentueux ou plus professionnel qu'un autre. La différence se fait sur l'envie, le travail et, évidemment, le petit brin de prédisposition supplémentaire, le fameux supplément d'âme…

Pour en revenir au cas d'Élie, nous abordons là une exception… qui ne fera que confirmer la règle édictée plus haut. À l'époque, nous étions deux associés dans ce café-théâtre. L'autre directeur s'appelait Christian Varini. Il était présent avant mon arrivée. Un jour, nous recevons un coup de fil de l'équipe d'Eddy Barclay, le producteur que tout le monde connaît. La personne avec qui nous parlons nous avertit que l'écurie Barclay s'enrichit de nouveaux artistes, qui exercent leurs talents dans des registres différents de ceux pour lesquels la maison est connue. Ce ne sont ni des chanteurs ni des imitateurs, mais des humoristes, et M. Barclay souhaite nous les présenter au cours d'un déjeuner. Le côté solennel nous enchante ; nous décidons de répondre favorablement à l'invitation du nabab. Nous nous retrouvons dans un superbe endroit à deux pas de l'Étoile, avenue de Friedland. Nous reconnaissons diverses personnalités : des acteurs, des éditeurs phonographiques ou littéraires, et quelques personnes dont le visage nous évoque vaguement quelques apparitions télévisées, sans que nous sachions vraiment de qui il s'agit.

Je suppose à cet instant que nous sommes confrontés aux nouveaux poulains de la maison. Le repas se prépare : Versailles grand siècle. Nous ne boudons pas notre plaisir. Loin de jouer les blasés rebelles, nous nous laissons flatter par le décorum et par l'importance que l'on nous donne en nous conviant à la table de ce grand producteur, nous, les petits artisans du spectacle. Le plan de table est indiqué par de petites étiquettes. Je trouve mon nom, je me positionne derrière ma chaise, et jette un regard furtif sur les patronymes qui jouxtent ma place. Ils ne m'évoquent rien. Les convives approchent à leur tour. À ma droite, un curé en soutane. Je trouve l'accoutrement curieux. Dans mon esprit, les curés revêtent des habits civils pour sortir. Seuls quelques reclus dans le tréfonds d'une chartreuse doivent encore porter une robe de bure qui râpe la peau. Je suis à la fois perplexe et mal à l'aise. Mon côté anticlérical n'arrange rien. Je cherche rapidement quelques sujets consensuels sur lesquels m'aventurer avant de sombrer dans le cauchemar de la joute verbale. Je détaille minutieusement mon voisin, le regarde s'asseoir à son tour : un poisson d'avril est collé dans son dos. Vous l'avez deviné avant que je ne le sache… C'était Élie. Sérieux comme un moine. À son accoutrement, je me doute qu'il fait partie des personnes que M. Eddy veut nous présenter. Nous échangeons des banalités d'usage, et quand le dessert arrive, le maître de cérémonie nous présente les trois jeunes comiques à qui il prédit un avenir radieux. Et nous exhorte à leur offrir un quart d'heure de notre plateau le soir de notre choix. Pour la petite histoire, les deux autres sont Bertrand Rousseau, un très bon imitateur, et

Jean Dell[1], devenu par la suite auteur et comédien. Nous accédons volontiers à la requête de l'important producteur, et organisons une soirée spéciale, qui voit arriver dans notre petit hangar quelques dames en vison très chic. Le public tranche avec nos habitués. Incongru mais amusant.

Le premier à passer est Élie Kakou. Il tient le public en haleine pendant vingt bonnes minutes, et notre scepticisme de bon aloi se mue rapidement en respect, puis en admiration devant le culot du garçon, son pouvoir comique et son professionnalisme déjà perceptibles. J'en aurai confirmation lorsque je le verrai plus tard, au Zénith, sur écran géant. Rien n'est jamais laissé au hasard. Chaque moue, chaque mouvement de sourcil, est travaillé, étudié, posé à cet endroit du spectacle pour une raison précise : pas d'à-peu-près avec Élie. Chaque détail est calé, chaque parcelle de son travail, hyper efficace.

Ce soir-là, il nous présente Madame Sarfati et le Curé. Était-ce parce que j'étais habituée à ce personnage iconoclaste que je flashe littéralement sur celui-ci ?

Dès sa sortie de scène, nous le convions à nos soirées « Spécial débutants », qui se déroulent tous les dimanches et lundis. Il bénéficiera d'une heure entière pour dérouler ses sketches. Au bout d'un mois, son spectacle affiche complet, et l'on décide vite de lui proposer un espace quotidien. Un an et demi plus tard,

1. Célèbre greffier récurrent dans la série télé « Le Juge est une femme », Jean Dell a joué dans une trentaine de films au cinéma. On le retrouve notamment dans *Tais-toi* de Francis Veber (2003) ou *Mensonges et Trahisons* (2004) de Laurent Tirard, avec Édouard Baer, dans lequel il campe le rôle du père. Enfin, il a coécrit le dernier film de Bernard Rapp, *Un petit jeu sans conséquence*, sorti en 2004.

il est encore là, remplissant chaque soir les 100 à 150 places de notre théâtre.

En me replongeant dans cette époque, je mesure à quel point nous nous sommes portés mutuellement. Question de circonstances. Nous emmenions Élie sur le chemin du succès en lui confiant notre demeure une heure par jour. Lui nous rendait la monnaie de notre pièce en remplissant consciencieusement tous les sièges. Ce résultat, aussi gratifiant qu'inattendu, arriva à point nommé pour détendre une atmosphère alourdie par la maladie de Christian Varini, qui s'affaiblissait chaque jour. Lorsqu'un théâtre joue à guichets fermés, c'est toujours un bon point pour le moral.

La fulgurance du triomphe fut comparable à ce que nous avons vécu à deux reprises seulement dans une carrière longue d'une bonne vingtaine d'années. Il a suffi d'un mois pour que les queues s'allongent devant le guichet, et que nous refusions plus de gens qu'il n'en entrait. Les délais de réservations s'étiraient à leur tour. Seuls Jean-Marie Bigard et Pierre Palmade connurent semblable destin. Belles références… Ironie de l'histoire, ils avaient tous les trois décroché un siège sur les bancs de « La Classe », peu après ou quasiment simultanément, mais jamais personne n'a été produit après une apparition télévisuelle. De la poule ou de l'œuf, le Point-Virgule a toujours précédé la télé, même si nous sommes conscients du formidable pouvoir d'amplification de la lucarne.

Concernant Élie, je dois avouer que cet engouement immédiat dépassa tout ce que nous avions escompté. Car, si nous le trouvions hilarant, nous supposions que le public mettrait un peu de temps avant d'entrer dans son univers particulier. Erreur sur toute la ligne, et tant mieux pour nous tous ! Au marché noir, les places se vendaient le double, parfois le triple du prix normal.

On s'en léchait les babines. Rapidement, nous dûmes instaurer un service d'ordre pour les représentations d'Élie. L'affluence, conjuguée au refus de vendre plus de places que la salle ne pouvait en contenir, nous imposa rapidement la mise en place de barrières de sécurité afin de canaliser la foule. Nous devions nous y mettre à cinq pour placer le public à l'intérieur de la salle. Du jamais vu…

La surprise venait en outre du fait que nous n'avions pas tenu compte d'un paramètre supplémentaire : Élie était aussi rapidement devenu l'idole d'une communauté – un public qui l'avait suivi depuis ses débuts au Club Med, en passant par le Studio 26, et qui l'accompagnait fidèlement partout où il se produisait. Si l'on conjugue cette assertion au fait que, géographiquement, le théâtre se trouve en plein Marais, alors quartier juif s'il en était, on comprendra que l'accessibilité et la proximité ajoutaient un facteur supplémentaire dans la conquête d'un public multi-ethnique. La présence d'un noyau dur d'assidus rassure toujours, puisqu'il assure une partie du remplissage.

Je m'en suis aperçue au fil des jours. Par le biais des réservations. Car il fallait évidemment réserver. À la simple lecture des noms, je voyais immédiatement que des familles entières se déplaçaient. Et lorsque les personnes devaient confirmer, cela posait parfois des problèmes dont je n'ai pas immédiatement saisi la teneur : ils se trouvaient fort embarrassés de ne pas être en mesure de garantir leur présence par un simple appel. Je leur ai même proposé de les appeler, si cela pouvait arranger quoi que ce soit. Mais le refus, poli, restait ferme. Ce n'est que quelque temps après que l'on m'expliqua ce qu'était le shabbat et ce qu'imposaient les traditions : pas d'usage de l'électricité ni du téléphone…

Élie fut rapidement obligé de jouer deux fois le samedi, ce qui était contraire à toutes nos règles de programmation, mais il fallait satisfaire l'incroyable demande. Il était aussi devenu de laisser entrer 170 à 175 personnes dans un espace conçu pour moins. Nous flirtions allégrement avec les limites que la sécurité impose. Avec ce type d'affluence, il était inévitable de placer des spectateurs sur le bord de la scène. Une telle chose serait inconcevable aujourd'hui ! Nous ne l'avons d'ailleurs jamais renouvelée… Trop de tension, trop dangereux, même si nous ne débordions pas le cadre purement légal.

L'ordonnancement de la soirée du samedi était le suivant : Élie jouait une première fois à 20 heures, partait dîner, et revenait pour une séance supplémentaire à minuit.

Un beau soir, alors qu'il revenait d'un restaurant du quartier avec une de ses amies, il l'emmena jusqu'au théâtre en lui expliquant combien ça marchait trop bien pour lui, combien la foule était en délire devant la salle avant chaque représentation, et qu'elle verrait de ses propres yeux les gens derrière les barrières se battre pour obtenir des places afin de le voir lui : Élie Kakou. Même à minuit on se bousculait, c'était dire…

De notre côté, nous devions faire entrer les personnes à 23 h 45, pour que les trois coups soient véritablement donnés à minuit. Ce que nous fîmes. Pendant que nous attendions notre vedette, je dus prendre la parole devant une foule entassée et fébrile. Minuit était passé. Je leur délivrai tous les mensonges qui me passaient par la tête : qu'Élie avait eu un problème de voiture (alors qu'il ne se déplaçait qu'à pied), qu'il était coincé mais qu'il avait téléphoné – il serait là d'une minute à l'autre. Je débitais tout ce fatras de galéjades plus grosses que moi en redoutant, au fond, d'avoir à rembourser les 170 personnes qui commençaient à s'impatienter. En appréhendant surtout qu'il soit arrivé quelque chose à notre Élie national. Car j'étais en réalité dans le flou le plus artistique. Inutile de préciser combien il fut déçu de n'avoir à présenter qu'un trottoir vide à son amie du soir. Ni combien, à défaut de me défouler sur l'artiste, je reportais mon courroux sur celle que j'estimais responsable de son retard. Je pense que rarement la rue n'aura entendu autant d'éclats de voix. J'ai hurlé comme jamais, et j'imagine volontiers que son ancienne amie doit encore s'en souvenir. Je n'ai pas besoin de fouiller mes souvenirs pour me remémorer ce savon ni à qui il s'adressait : l'amie en question était son attachée de presse, une jeune femme qu'Eddy Barclay avait mise à sa disposition, et dont il s'est servi de modèle plus tard pour son sketch. Un sketch qui évolua par la suite mais dont le personnage naquit lors de son passage au Point-Virgule. Il faisait un tabac : il arrivait sur scène, regardait le public et demandait si tout le monde avait bien payé sa place. Puis il désignait une personne du public au hasard, la confondait en expliquant qu'il s'agissait d'un journaliste qui n'avait pas payé, descendait à sa rencontre et la sortait de la salle. De notre côté, nous devions chaque jour arrondir les angles, expliquer le topo et rembourser la place au malheureux, qui se voyait offrir une invitation. Tout le monde le prenait de fort bonne humeur. Jamais je ne fus confrontée à quelqu'un d'irascible.

Toutes ces caricatures de gens qu'il avait patiemment observés, comme cette attachée de presse, prenaient une tout autre dimension grâce à la magie du costume. Certes, la configuration du théâtre n'était pas des plus adaptée à de rapides changements d'habits, mais Élie s'en débrouillait. Il n'aurait jamais imaginé reproduire ses sketches sans les accoutrements qui les rendaient si extravagants. Cela faisait longtemps que nous n'avions accueilli d'artiste qui usait de ce genre d'artifices. Ce fut une première résurgence du spectacle pour lequel l'habit faisait véritablement le moine. La mode revenait donc, à un moment où le one-man-show était trusté par des hommes en noir entourés de non-décors. Sobres. Les plus baroques pouvaient éventuellement se vêtir de gris, mais on atteignait alors les limites de l'excentricité !

Avec Élie, nous assistions à un renouveau du genre, avec des costumes particulièrement soignés qui avaient tous leur propre histoire. La soutane, la robe de Madame Sarfati, qui était vraiment celle de sa grand-mère, tout ce qui l'entourait sur scène, et parfois de très près, était de surcroît fortement chargé affectivement.

Cette période s'est étirée de mai 1991 à décembre 1992. Élie devait voguer peu après vers des horizons plus chargés, quand Christian Varini nous quitta le 8 janvier 1993. Cette disparition resserra les liens qui nous unissaient, et Élie accepta gentiment d'accompagner l'équipe deux mois supplémentaires. C'était une forme de continuité nécessaire, pour que le deuil ne soit pas trop brutal. En prolongeant son spectacle au Point-Virgule, Élie nous offrit une transition essentielle pour que nous puissions remettre la tête dans le guidon et perpétuer ce que nous avions entrepris depuis toutes ces années.

Élie ne manquait pas de nous complimenter sur la force qui nous portait. L'énergie du désespoir plutôt. Il fut le seul à remarquer les travaux que nous entreprenions chaque jour pour changer un peu ce lieu, le rendre plus habitable. À noter que notre reconstruction passait aussi par des éléments matériels, rajoutés çà et là, comme des placards apparemment sans importance. Cette attention lui appartenait et le rendait terriblement attachant.

Je hais cette phrase qui revient immanquablement lorsqu'un artiste disparaît ou qu'il est lui-même frappé par le deuil : « *The show must go on !* » Nous l'avons tous entendue, elle nous a tous rendus malades, mais le monde du spectacle n'a pas trouvé de meilleure thérapie que la continuité dans l'action. L'ivresse des applaudissements comme une bonne cuite rédemptrice. Après les travaux manuels de la journée, on se droguait à l'amour du public pour faire passer la pilule, et je serai éternellement reconnaissante à Élie d'avoir assuré le spectacle tandis que nous cuvions, lui compris, notre douleur.

Et puis l'existence a repris son cours. Élie devait faire sa vie. Et nous, continuer la nôtre.

Nous le savons, le Point-Virgule est comme un nid, dans lequel les oisillons commencent à battre des ailes. Dès qu'ils savent voler, ils partent fonder leur propre famille. C'est la loi de la nature. C'est aussi notre vocation. Découvreurs de talents depuis vingt ans. Nous n'avons jamais aspiré à autre chose. C'est pourquoi, comme toute mère oiseau qui se respecte, notre cœur s'emplit de joie lorsque, le devoir accompli, notre protégé file exercer ailleurs.

Car le Point-Virgule, c'est une famille nombreuse dans un deux-pièces. Comme celle d'Élie d'ailleurs. On est très proches les uns des autres, on partage les mêmes loges, on est en retard ensemble, on se fréquente, on va boire des coups, on discute, on refait le monde, on dit même parfois un peu de mal des absents. Comme une vraie famille, quoi !

Je suis tous les artistes sur les scènes qu'ils vont fouler plus tard, lorsque leur notoriété leur offrira les Zénith, le Cirque d'hiver ou le Stade de France, qui siéent mieux à leur succès. Avec le sentiment du devoir accompli, la fierté d'une mère.

Lorsque les artistes se produisent au Point-Virgule, ils sont au début de leur carrière. Quand, de surcroît, ça marche, ils vivent leur premier vrai bonheur – de ceux que l'on n'oublie pas plus que son premier amour. Pour eux, ce sera toujours l'endroit où tout a commencé. Les liens qui resteront tissés entre nous demeureront par conséquent très particuliers, subtils. L'argent n'a pas encore pollué leur univers, l'entourage ne fait pas encore écran vis-à-vis du monde extérieur. Cette bulle sera à jamais la leur. À tel point que lorsque j'organise des festivals d'humoristes, Bigard, Palmade, Élie en son temps, et les autres, sont toujours là pour mettre la main à la pâte : ils reviennent comme à la maison.

Élie était donc parti battre la campagne. Tester sa célébrité dans tout l'Hexagone. Son spectacle commençait à bien se vendre en cassettes vidéo, le standard de l'époque. Il avait été capté à trois caméras, une prouesse technique si l'on tient compte de la configuration des lieux. Nous fîmes ainsi la preuve par l'exemple qu'il était possible de filmer un spectacle de façon professionnelle au Point-Virgule.

Élie se retirait en m'ayant fait un immense cadeau rempli de promesses. Avec l'assurance de multiples possibles : possible de remplir autant, possible de remplir autant tout le temps, possible de déclencher des émeutes de fans devant le Point-Virgule, possible enfin de filmer sur une aussi petite scène. Il me donna à voir, pour la première fois, des spectacles à l'issue desquels le public ne voulait plus partir. Où, après moult rappels, Élie devait raisonner tout le monde afin qu'on nous laisse ranger et préparer la salle pour d'autres artistes.

À force, il s'était habitué :

— C'est fini maintenant, il faut vraiment partir…

Et concluait alors que le public ne bougeait pas :

— Mais… Vous n'avez pas de maison ?

Après son départ, je dois reconnaître que j'espérais une nouvelle rencontre de cette intensité. Croiser une étoile dont l'univers était aussi personnel. Mais je devais rapidement me rendre à l'évidence : les miracles ne se produisent pas tous les jours. Les passionnés de foot vous expliqueront qu'on ne trouve pas un Zidane ou un Platini dans chaque génération de joueurs. Il en est de même pour les artistes, qu'ils soient peintres, sculpteurs, écrivains ou comiques. Élie était unique. Je ne connais d'ailleurs pas d'enfants d'Élie, de comiques qui se soient inspirés de son univers ou l'aient prolongé. Les pastiches sont souvent légion dans ce métier, mais Élie était un cas. De nombreux enfants, des vrais, venaient au théâtre, rejouant ses sketches par cœur, parfois grimés comme lui, mais il s'agissait davantage d'hommages que de contrefaçons. Je ne peux certes pas nier avoir auditionné des gens se définissant comme *« le nouveau Kakou »* ou *« le Kakou féminin »* : des clones tristes et sans envergure. Rien de probant. La succession reste ouverte. Trop de gens se réfèrent souvent à la communauté, ce qu'Élie ne faisait jamais. La communauté à laquelle il appartenait n'était qu'une infime partie de son public. Un noyau central que nous ne pouvions pas ignorer, mais qui devait se mêler au tout-venant pour constituer l'alchimie des salles animées et effervescentes.

14

LE CIRQUE D'HIVER

Pour Élie, le Cirque d'hiver est une véritable consécration : il voit alors se concrétiser ses rêves d'enfant. L'histoire qui lui permet de s'installer dans ce lieu prestigieux est étonnante.

M. Bouglione Père est un grand fan d'Élie. Alors qu'un de ses spectacles de cirque se déroule dans le cadre prestigieux du Cirque d'hiver, il apprend que l'un de ses humoristes préférés est dans la salle. Il mandate alors quelqu'un pour aller le chercher à la fin de la représentation.

Élie est encore ravi de ce qu'il vient de voir, tout cet univers qui le fait tant rêver, lorsque que quelqu'un s'approche de lui, tape sur son épaule et demande :

— Monsieur Kakou ? Vous êtes bien monsieur Kakou ?

Élie se retourne, jauge l'importun, et se dit qu'il doit s'agir d'un énième fan qui souhaite lui demander un énième autographe. Déjà, durant le spectacle, il a volontiers satisfait une bonne vingtaine d'admirateurs – sans compter ceux qui l'ont regardé de loin pendant la moitié du spectacle sans oser l'aborder.

Lorsque le petit homme l'accoste, il plonge spontanément une main dans sa poche pour y trouver un stylo. Puis il se retourne en souriant, et cherche des yeux le papier, programme ou cahier qu'il s'apprête à signer.

— Pardonnez-moi de vous déranger, Monsieur Kakou, mais si vous avez quelques minutes, M. Bouglione aimerait vous rencontrer.

La mâchoire d'Élie est en suspension : on lui propose de rencontrer l'un des personnages les plus mythiques du monde des étoiles, et on lui demande s'il a cinq minutes !... Mais c'est la nuit qu'il a, s'il le faut !

Il se laisse donc entraîner dans les coulisses et se retrouve dans le bureau du patriarche. M. Bouglione l'accueille et lui raconte combien il apprécie son travail. Après quelques banalités d'usage, il en vient aux faits : il souhaite qu'Élie se produise dans ce cirque. Sur la piste ronde habituellement dévolue aux dresseurs de fauves, aux funambules, aux trapézistes, et aux clowns, bien sûr.

Certes, Élie est un peu clown dans l'âme, son spectacle a un certain pouvoir comique, mais de là à tenir une scène aussi majestueuse, aussi spacieuse, aussi prestigieuse, à lui tout seul, lui l'enfant de Nabeul fan de Roger Lanzac, mais qui n'est pas de la balle ! Que dire ? Évidemment, il en rêve !

M. Bouglione a la faconde de ces Méditerranéens qui vous prennent dans leurs bras d'un simple regard, en vous promettant des dimanches en famille, en vous jurant que vous êtes le fils qu'ils aimeraient avoir. Élie voit-il dans cet homme généreux un peu de notre père ? Tout se bouscule dans sa tête. Lorsque nous en parlerons plus tard, il m'avouera avoir été incroyablement heureux de cette offre, mais terriblement anxieux à l'idée de décevoir le directeur. Il sourit, bafouille quelques remerciements, et demande à réfléchir. Il ne plane aucune ambiguïté sur son désir d'accepter la proposition. Il doit toutefois intégrer tout ce que cela implique et promet une réponse très rapide.

Peu à peu, Élie s'approprie l'idée. Il imagine tout ce qu'il pourrait inventer pour rendre hommage à ce lieu chimérique. Je le soupçonne de griffonner des costumes sur un coin de cahier, et de se laisser envahir par des détails de mise en scène qui correspondraient particulièrement à l'endroit. Il attend deux jours et rappelle M. Bouglione. Ils se revoient.

Élie a bien réfléchi : c'est d'accord. Il est prêt à tenter le pari que le producteur lui lance. Pour trois jours... En espérant qu'il remplira suffisamment, histoire que les gradins ne résonnent pas.

Sampion Bouglione éclate de rire. Il l'appelle « petit », le tutoie, et lui annonce que trois jours n'est pas une durée ! C'est trois mois ou rien. Trois mois ? Élie, lui, ne rit pas. Il voit déjà son rêve s'envoler. On se moque de lui ! Trois mois... Qui a déjà tenu cette distance ? On lui répond que Guy Bedos, à une époque, a rempli le Cirque. On lui parle de Jacques Higelin aussi. Mais Higelin était une star de la musique, ce n'est pas pareil. Et Bedos, c'était Bedos...

Trois mois. Pâle et déconfit, Élie jette l'éponge. Une semaine, à l'extrême rigueur... mais pas trois mois : il ne soumettra pas sa carrière à ce pari insensé !

M. Bouglione le laisse argumenter, jurer qu'il connaît suffisamment le monde du spectacle pour ne pas accepter ces conditions. L'homme de cirque le laisse débiter ses arguments, ses doutes, ses craintes. Puis il reprend la parole. Ferme et aimable, il lui explique qu'il prend tout sur lui, qu'il y croit dur comme fer, et que le risque financier, le risque du producteur, il l'assumera seul. Parce qu'il s'est forgé des certitudes, et que sa confiance en Élie est inébranlable. C'est écrit : Élie ne peut plus reculer, se cacher derrière de faux prétextes. Il est temps de suer dans la sciure.

On n'atteint pas ses rêves d'enfant tous les jours ! Élie signe, fait salle comble, et l'on prolonge le spectacle quelques jours afin de satisfaire les déçus qui n'ont pu assister au plus incroyable des shows d'humoriste.

On entre dans une nouvelle dimension scénique et il m'arrive, parfois, de songer à la démesure où nous nous serions peut-être engagés, un jour... Question qui restera en suspens...

À la vitesse où se conclut le pacte, les dates prévues ne coïncident pas avec le temps nécessaire à l'écriture du second spectacle d'Élie. De crainte de la voir s'échapper, mon frère a saisi l'opportunité, tout en sachant parfaitement que certains éléments ne seront pas en place le jour dit. Mais il a cette exemplaire capacité d'accélération, ce pouvoir d'immersion qu'il partage avec son complice Mattéo. À grands coups de nuits blanches, ils y parviendront. Ils se cloîtrent dans leur bulle jusqu'aux premières répétitions.

Les débuts du Cirque d'hiver désorientent les techniciens, qui s'en souviennent avec effroi. Si le nouveau spectacle est bien agencé dans la tête d'Élie, l'aspect formel laisse en effet à désirer. Élie travaille dans l'urgence. Je l'ai déjà dit : il aime cette part d'improvisation, de modelage, de rodage d'un nouveau dispositif – pour pouvoir le peaufiner, l'adapter, le sculpter au gré des réactions du public. Il sait que la version qu'il présentera le premier soir sera, comme on dit en informatique, une « copie bêta ». Le seul point faible de l'histoire réside dans le fait qu'Élie n'est pas un bon communicant : en l'occurrence, ses regards, ses fameuses « antennes », ne suffisent pas à transmettre de message rassurant à l'équipe pléthorique qui l'entoure.

Pietro, un soir de confidences, m'avouera s'être sérieusement posé la question de revenir le lendemain de la première. Il se sentait totalement désorienté

– mais se tranquillisait en se disant qu'Élie était un visionnaire, mâtiné d'un professionnel exigeant. Le flou très artistique finirait bien par s'estomper…

Pendant la nuit suivant la première, Élie et Mattéo remettent leur ouvrage sur le métier. Ils tissent une trame définitive, conscients de devoir encadrer une équipe qu'ils sentent mal à l'aise. Ils ont reçu les signaux cinq sur cinq.

Le lendemain, Élie réunit tout le monde et distribue un conducteur. Une phrase de début, une phrase de fin, des indications scéniques précises. Les jeux du cirque sont finis. Place au véritable spectacle.

« *The show goes on* », lâche-t-il avec emphase avant de regagner sa loge.

IV

ÉLIE INTIME

15

Le trac selon Suzy

Vendre des meubles, des journaux, des vêtements sur les marchés : voilà un métier correspondant à l'idée que notre mère se fait du travail. L'essence même du commerce : tu vends, tu gagnes de l'argent. Une équation simple. Malgré les velléités d'Élie de bifurquer vers des chemins plus chaotiques, notre mère n'est pas inquiète. Les certitudes de son fils lui suffisent. Lorsqu'il teste ses personnages devant elle et qu'il lui arrache des larmes de rire, il la rassure :

— Tu vois, maman... Si tu trouves drôle ce que je fais, alors, un jour, le public aimera.

Jamais il ne montre d'anxiété quant à ses finances. Il ne quémande rien à personne. Il ne se plaint jamais de manquer de quoi que ce soit.

Paradoxalement, l'angoisse de notre mère viendra plus tard, quand le succès dépassera le seuil de son imagination. Lorsqu'elle entend la foule clamer, vociférer, réclamer, taper des pieds en martelant *« Ka-kou ! Ka-kou ! »*, elle ressent plus de terreur que de contentement.

Mais elle est d'abord fière, expansive. La première fois qu'Élie accepte sa venue à l'un de ses spectacles, c'est à l'Odéon de Marseille. Il lui demande de ne pas s'installer au premier rang, ni de lui dire où elle se trouve. Il a peur que sa présence ne le déconcentre. Elle ne peut toutefois s'empêcher de manifester sa fierté en tapant des mains plus que de raison. Elle est impressionnée par son talent :

— Je n'imaginais pas qu'il jouait si bien.

Elle vient pourtant d'assister au même spectacle que celui qu'il improvise devant elle depuis des années. Seuls le décorum, les paillettes, les artifices et le public magnifient sa prestation. Élie, côté planches, ne tarde pas à repérer l'exubérante personne qui manifeste si fort son enthousiasme. Ce qui, finalement, ne le dérange pas outre mesure.

Le spectacle de l'Odéon est prévu pour durer une semaine, mais les prolongations conduisent mon frère à jouer douze jours – le maximum possible, compte tenu de la disponibilité de la salle.

Au lendemain de la première, dans l'hôtel où il loge, il ne dort pas de la nuit. À 7 heures du matin, il vient frapper à la porte de notre mère.

— Tu te rends compte ? Tu te rends compte de tout l'argent que j'ai gagné ? Qu'est-ce que je vais faire avec tout cet argent ?

— Ne t'inquiète pas, lui dit-elle. Tu me le donnes, et moi je vais te le cacher. Et puis tu vas travailler. Tu vas gagner encore plus. Je m'occupe de tout.

Apaisé quant à l'aspect matériel, il s'enquiert auprès de Suzy :

— Comment tu m'as trouvé ? J'ai bien joué ?

— Moi je t'ai trouvé très bien. J'ai beaucoup ri. Et en plus le public applaudissait. Il avait l'air content lui aussi. Tu sais… Je crois que tu vas réussir dans la vie.

— Tous ces applaudissements, tu les as entendus ?

— Bien sûr que je les ai entendus !

— Eh bien, je peux te le dire à présent : c'est toi qu'ils applaudissaient. Parce que ton fils est un artiste. Qu'il a bien joué. Et qu'il les a fait rire ce soir. C'était leur façon de te dire merci.

Elle lui sert un bol de café chaud, tandis qu'il la prend dans ses bras. Plus rien ne s'oppose à son rêve, et notre mère commence à se faire à l'idée que les pitreries de son fils, « le petit », lui permettront de gagner de l'argent.

— Quand il a fini l'Odéon, il avait gagné 100 millions, nous assure-t-elle encore. Vous vous rendez compte ?

Finalement, tout cela peut devenir... un métier !

Côté finances, on ne peut pas trouver qu'Élie a un rapport difficile à l'argent : privilège de riche, il n'en a pas ! Quand notre mère évalue à *« 100 millions »* la recette de son premier spectacle, c'est parce qu'Élie n'a aucune idée sur le sujet. Il ne se rend pas compte de ce qu'il gagne. Pour autant, il ne jette pas les billets par la fenêtre. Sa carrière a beau s'envoler, il ne change pas de train de vie. Savoir jusqu'où l'on peut aller dans l'excentricité ne l'intéresse pas : que la production soit en mesure d'inviter toute l'équipe dans un bon restaurant après la représentation lui suffit. Après s'être longtemps déplacé au volant de l'éternelle Honda toute déglinguée qui servait davantage à Laurence qu'à lui, il achète un monospace pour transporter le matériel nécessaire aux tournées. Seul cadeau qu'il s'offre, sur le tard : une Jaguar. Sa passion pour les animaux sans doute.

Toutefois, au fur et à mesure que le succès s'amplifie, l'orgueil maternel fait place, peu à peu, à un sentiment d'insécurité. Celui-ci grandit en même temps que les enjeux. Plus Élie s'expose, plus le public s'amourache de lui, plus notre mère craint pour son intégrité. C'est une peur irraisonnée, une peur de l'inconnu, des conséquences du succès au sein d'un monde peu recommandable. Suzy ne s'assoit plus dans une salle pleine sans trembler pour lui. On attente bien à la vie du pape, du président des États-Unis ou de John Lennon :

pourquoi n'y aurait-il rien à craindre de cette foule chauffée à blanc ? À cette peur terrible s'ajoute le trac, le vrai. Et si les gens ne riaient plus ? Et s'ils ne venaient pas ? Toutes ces questions conduisent à un résultat peu glorieux : chaque soir de représentation, notre mère s'abreuve de calmants pour jouir du plus important – le spectacle.

En revanche, contrairement à ce que l'on peut imaginer, elle ne redoute pas que les fans de son fils, toujours plus nombreux, l'accaparent à son détriment. L'amour d'une mère, juive de surcroît, ne l'envisage pas. Ce respect et cet amour, Élie les lui rend bien : au plus fort de sa notoriété, il continue à l'appeler chaque jour. La famille est là, bien présente, et tous ses membres (excepté Dag, parti pour les États-Unis) suivent religieusement les grand-messes de notre frère aux quatre coins de l'Hexagone. Puis, rapidement, du globe.

— Un troupeau de moutons ! clame Suzy, qui nous demande, lorsqu'on la félicite d'avoir un fils aussi drôle, aussi formidable, si le tralala est sincère ou si l'on cherche seulement à lui faire plaisir.

16

Belle Isabelle

Isabelle est la fille de Nadine. Notre première nièce, de treize ans plus jeune qu'Élie. Belle mais point rebelle, elle est sage et respectueuse, sérieuse et mutine à la fois. Lorsqu'elle vient poursuivre ses études à Paris, elle s'installe naturellement chez mon frère. En dépit de la maladie, en dépit de la fatigue, il n'est pas question que sa nièce soit exclue du cercle familial. Témoin permanent de son quotidien, Isabelle partage sa vie pendant plus d'un an. Avec elle, Élie complète sa collection de Capricorne… A-t-il demandé à chacun de ses collaborateurs quel est leur signe ? Patrick et Laurence affirment que non. Pourtant, tous les occupants de l'appartement sont Capricorne : Élie, Patrick, Laurence, Isabelle et moi. Cinq sur cinq.

Depuis sa plus tendre enfance, Isabelle estime son oncle plus que de raison. Notamment pour ses dons manuels : elle n'a que trois ans lorsque Élie la prend sur ses genoux et se sert de sa pâte à modeler pour lui construire un univers dans lequel rois et reines, princes et princesses, fées, animaux en tous genres ou simples manants, vivent d'incroyables aventures dans des décors fantastiques.

Pardonnez-moi cette parenthèse, mais je me souviens à cet égard d'une des dernières interviews télévisées d'Élie – un entretien particulièrement émouvant car la maladie le rongeait, ses forces l'abandonnaient, mais il tenait à faire bonne figure. Amaigri, outrageusement maquillé pour cacher son teint blafard, Élie avait, tout en discutant avec son interlocuteur[1], modelé un petit animal avec la pâte mise à sa disposition. On ne voyait pas vraiment ce qu'il farfouillait avec ses mains. Puis vint la conclusion de l'émission. En guise d'au revoir, il posa délicatement une souris plus vraie que nature devant l'animateur médusé.

Quand Isabelle emménage, elle sort d'une relation, avec toute la douleur que cela suppose à l'adolescence, avec ses sentiments entiers et définitifs. Élie inspirait la confidence. Isabelle lui parle de ce qu'elle s'est bien gardée de dévoiler à sa mère. Il multiplie les attentions envers elle et l'aide à surmonter son chagrin. Il lui fait porter des fleurs, l'invite à pénétrer son univers, la présente tout en la protégeant des mauvais regards. Il s'inquiète, aussi. Est-ce que son mode de vie, plutôt nocturne, ne contrariera pas le bon déroulement de ses études ?

Elle qui a déjà passé de nombreuses vacances en sa compagnie sait parfaitement à quoi s'en tenir. D'ailleurs, elle m'avoue qu'après ces années sous couveuse marseillaise les fêtes de la capitale ne lui déplaisent pas.

Dans cet appartement qui désemplit rarement, elle devient experte en café. Dès 8 heures, elle part en laissant derrière elle l'odeur du tabac à peine refroidi, et embraye sur sa journée de travail. Malgré son jeune âge, elle n'est pas très différente des femmes de la maison. Son éducation et le poids de la tradition sans doute. Elle veille sur son oncle.

1. Patrick Sabatier sur TMC, avril 1999, dans l'émission quotidienne « Pendant la pub ».

— Que veux-tu ? me répond-elle quand je lui demande si ce n'est pas trop lourd à porter. Quand tu vois ses grands yeux bleus à l'air effarouché et sa petite silhouette, si frêle, comment ne pas le materner ?

Consciente qu'Élie se suffit à lui-même, son attitude est aussi irrésistible que la lumière des phares pour un papillon de nuit. Mais attention : materner ne signifie pas étouffer. Élie tient trop à son indépendance pour se laisser surprotéger. D'ailleurs, Isabelle le compare à l'oiseau bleu – un être fragile qui accepte la tendresse qu'on lui prodigue, mais qui s'envole quand l'affection l'oppresse. Un point d'équilibre intégré par ceux qui le connaissent par cœur : la promiscuité n'est pas pesante. Au contraire. Élie se nourrit de la jeunesse d'Isabelle. Il la questionne sur la façon dont ses amis réagissent par rapport à telle ou telle situation. Il s'approprie les expressions qu'elle lui tend. Une passerelle avec la génération suivante...

Après une soirée riche en couleurs et en émotions comme Élie nous en sert souvent, nous n'arrêtons pas de jacasser comme deux pies, à la manière des petites filles qui reçoivent leur meilleure copine pour dormir. Notre logorrhée ne se tarit pas. Soudain, notre mémé, celle de nos souvenirs, fait irruption dans notre chambre en criant :

— Ça suffit maintenant ! *Éteindez* la lumière !

Stupeur et tremblements. Le spectre de Mamie Rosine est de retour. « Éteindez *la lumière...* » C'est elle ! Puis Élie, parce que c'est évidemment lui, éclate de rire :

— Eh eh ! On fait moins les malines maintenant, hein ?

Le fou rire nous saisit. C'est parti pour une heure, notre ventre demandant grâce tant il se crispe.

Plus loin de Paris, je me souviens d'un soir de tournée à Cannes. Isabelle nous accompagne. La salle affiche plus que complet, comme souvent. Le spectacle commence dans un déferlement de rires, des tonnerres d'applaudissements ponctuent chaque sketch ; mais arrive bientôt un moment délicat. Il s'agit d'opérer un changement de costume en un temps record. Je dois aider mon frère. Dans la loge à costumes où je l'attends, Isabelle a trouvé refuge pour lire au calme. Rien qu'en entendant les bravos, elle sait à la minute près où le spectacle en est. C'est alors qu'Élie arrive au pas de course, dégoulinant de sueur. Dans un même temps, je l'éponge avec une serviette dès le premier costume retiré, et l'aide à enfiler le suivant : une opération comparable à l'arrêt aux stands d'une Formule 1. Isabelle le regarde de sa prunelle délicate. Élie jette un œil sur elle, s'arrête, la dévisage à son tour et lâche :

— Ça va, Isa ?

Tout Élie résumé en trois mots : il se souciait davantage de son prochain que de sa propre personne et, je l'avoue, il m'arrive de lui en vouloir pour cela. Car, en dépit de l'absurdité de cette assertion, je me prends à rêver que s'il s'était mieux occupé de lui, il serait peut-être encore parmi nous.

Quoi qu'il en soit, il se sent un devoir sacré envers Isabelle. Cette attention qu'il lui prodigue n'est pas le résultat d'une simple promesse extorquée par sa sœur. Il l'aime comme on aime son enfant. Toujours à l'affût de son contentement, il veut savoir si elle a suffisamment d'argent pour sortir. Et de trouver qu'elle n'en a jamais assez. Allez ! Il glisse un ou deux billets de plus dans sa poche. On ne sait jamais… Il lui arrache en même temps la promesse de rentrer à une heure convenue. Même si Isabelle sait qu'Élie ne sera pas là à son retour, elle ne déroge pas à son serment.

Quand ses forces abandonneront Élie, je le verrai ouvrir un petit dossier et remettre à sa nièce l'intégralité des lettres qu'elle lui avait envoyées vingt ans plus tôt, lors de son séjour au kibboutz. Des morceaux dc cahiers d'écolier remplis de dessins bariolés et de petits mots tracés maladroitement sur les genoux de Suzy et conservés par Élie comme on prend soin d'une œuvre d'art. Tant de souvenirs à l'abri, dans une pochette plastique.

S'il lit tout le courrier qu'il reçoit, Élie n'est pas un grand lecteur. Il est un être à part dans un monde à part, et ne se sent pas forcément à l'aise dans l'univers d'un autre. Il a peu de temps libre. Une heure devant lui est d'abord l'occasion d'observer le manège de sa volière, de nourrir scs oiscaux ou de promener son chien Honey, un coton de Tulear offert par son amie Dominique. Il s'amuse à feuilleter les magazines people qui l'épargnent plus que ses camarades. Question de tempérament sans doute, de rapport à la célébrité.

Sa vie privée passe en dernier. Tout son être est dévolu au spectacle, à son public. Trop étroite, sa garde empêche la presse du cœur d'infiltrer son intimité. De surcroît, il se montre peu en compagnie d'autres célébrités. Il refuse les inaugurations et n'éprouve pas le besoin de changer de téléphone portable tous les dix jours, ou de parrainer la dernière discothèque à la mode.

Ne rien devoir à personne... Un principe dont témoigne cette anecdote, que m'a narrée notre frère Charlie : Élie n'a pas plus de cinq ans. Parce qu'il a rendu service à la maison, Charlie lui donne un billet de cinq francs qu'Élie refuse : *« Je ne veux pas que ça te donne le droit de me commander ! »*

Mon frère préfère déjà gagner lui-même son argent de poche en vendant ses petites souris en plastique achetées pas cher chez un grossiste sur le Vieux-Port.

Tout au long de sa vie, Élie restera maître de ses décisions, artistiques, professionnelles ou privées.

Lorsqu'une nouvelle personne apparaît dans son entourage, même si elle porte une grosse pancarte estampillée « pique-assiette » ou « parasite » sur le dos, personne n'a idée de le mettre en garde. Il écoute les conseils de ses proches mais trace son chemin sans zigzaguer, sans atermoyer. Il accepte de se tromper et l'assume. Il préfère les remords aux regrets. La seule personne qu'il écoute sans hésiter, c'est Suzy. Jamais il ne la contredit. Charlie aussi peut exprimer des opinions qu'Élie respecte, mais notre frère aîné ne se le permet que s'il l'estime indispensable. Il observe ses faits et gestes de beaucoup plus loin que notre mère, omniprésente, à qui Élie parle tous les jours. Charlie ne s'immisce dans nos vies qu'en cas de force majeure. Lui qui nous a menés à l'indépendance intellectuelle et financière ne saurait se manifester de manière intempestive. Il nous considère avec bienveillance. Nous pouvons compter sur lui en toutes circonstances. Pour nous, c'est l'essentiel. Patrick et Laurence, eux aussi, s'appuient sur son autorité en cas de question « super banco ». Charlie est respecté car respectable.

Encore aujourd'hui, toute décision cruciale concernant la mémoire d'Élie passe par lui. Patrick, conservateur indispensable des clés du temple, lui suggère plusieurs options avant d'en préférer une. Suivant cette règle tacite, je n'aurais évidemment pas publié ce livre sans leur aval.

17

Côté coulisses

Élie ne déteste rien tant que la routine. S'il m'est arrivé d'assister plusieurs fois de suite à un spectacle d'humoriste, j'ai pu observer que la plupart ne changent pas une virgule dans leurs textes. Ils sont concentrés sur la trame et n'en dévient jamais, de peur de ne pouvoir s'y raccrocher. D'un soir à l'autre, les mêmes effets, les mêmes enchaînements figurent aux mêmes moments. Des spectacles sont chronométrés à la seconde près. Élie, dont la culture était avant tout celle de l'oral, n'a quant à lui pas besoin de coller au texte.

L'aspect ludique du spectacle lui plaît énormément. Il adore surprendre le public, le mettre en scène, l'appeler, le prévenir qu'il doit se tenir prêt : il peut demander à quelqu'un de le rejoindre sur la scène. Une façon de se faire plaisir, de rompre avec la routine de la tournée, et de signifier que chacun fait partie de la troupe. Exposer le spectateur revient à le remercier.

Un soir, en fin de spectacle, alors que je dois l'aider à revêtir sa soutane de curé, il arrive pour son avant-dernier retour en coulisses :

— Voilà. Je fais encore un sketch et ce sera le final en curé. Ce soir je m'habillerai seul. Et pendant que je passerai mon costume, je voudrais que tu sois prête à monter sur scène, déguisée en Mongola, et que tu danses devant le public. Ils vont croire que c'est moi, tout en ne comprenant pas comment j'ai fait pour me changer aussi vite ; après, lorsque je viendrai te rejoindre, ils ne vont carrément plus savoir où ils habitent. Ce sera génial !

Comment me mettre plus mal à l'aise ? D'accord, Élie se gondole quand j'imite pour lui les danseuses du spectacle, en en rajoutant des tonnes. Mais il ne s'agit que de nous. Pas de se produire devant des milliers de gens en surchauffe ! Alors je repense aux spectacles de notre enfance, à notre complicité, au contentement qu'il aura de me savoir sur scène, au ravissement d'épater le public. Sans ciller, j'applique le plan indiqué. Sur scène, j'oublie mes peurs et mes inhibitions.

Imaginer ce genre de situations le ravit. En revanche, certains techniciens enragent. Pas le temps de les prévenir ! Ils doivent se tenir prêts à n'importe quelle éventualité. Élie affectionne ce genre de blagues. Il aime les imaginer surpris, ne sachant pas quel éclairage, musique ou effet ils doivent envoyer. Les voir parer au plus pressé. S'emmêler les doigts sur les consoles. Façon aussi de tenir tout le monde éveillé...

Voici toute l'espièglerie qu'il n'a pas encore exploitée. Trop sage. Trop poli. La foule le galvanise, lui donne des ailes. Il joue en permanence avec les limites, les situations et les gens. Comme dans un couple, il ne cesse de raviver le désir du public en s'amusant comme l'enfant qu'il est resté. C'est ainsi qu'il m'entraîne dans ses jeux. Comme quand nous étions petits.

Tout cela, à son rythme. Suivant son train de sénateur. Dans la chronologie qu'il s'est assignée. En témoigne cette anecdote révélatrice glanée au Cirque d'hiver : la salle est chauffée à blanc, comme tous les soirs. Pleine à ras bord. Des milliers de fans scandent le nom d'Élie en attendant le début du spectacle. *« Ka-kou ! Ka-kou ! »* : les couloirs ceignant la piste résonnent de leurs cris. L'équipe est fébrile. La loge d'Élie est fermée – signe qu'il a encore besoin de quelques minutes avant d'entrer en scène. La pression monte dans les rangs de l'équipe technique. L'excitation gagne les coulisses. Nous sommes en retard. Je décide d'aller chercher mon frère, par le fond du pantalon s'il le faut. Isabelle, notre nièce, qui n'est pas loin, m'accompagne dans l'aventure. J'imagine qu'elle tempérera la rage que je risque de manifester. Nous croisons les danseurs et les danseuses : ils n'en finissent plus de s'échauffer. D'un coup violent, j'ouvre la porte de la loge et me prépare à sermonner Élie, mais Isabelle n'a pas besoin de faire tampon. Un petit arrosoir à la main, de son air ingénu qui désarmerait une grenade dégoupillée, il me lance :

— Ben quoi ? Vous voyez bien que je n'ai pas fini d'arroser mes plantes…

Avant d'entrer en scène, aucun trac. Tandis qu'il se permet une dernière cigarette, il se relâche. Ce soir-là, la concentration est totale…

18

La maladie

Élie parle peu de son intimité. Il ne fait pas exception avec sa maladie. Il ne la cache pas. Ne l'exhibe pas non plus. Elle le ronge de l'intérieur. Découverte pendant le tournage de *Monsieur Naphtali*, elle a été faite compagne d'infortune.

Un soir, il m'appelle. Il se plaint de violents maux de tête persistants. Je le persuade de passer des radios pour vérifier qu'il n'a rien de grave. Hélas, le verdict est sans appel. Les médecins y découvrent *« des projections »*. Il faut opérer le cerveau, certes, mais le point de départ de la maladie se situe ailleurs. Rapidement, on lui trouve un problème au poumon. À la suite de l'intervention, une immense balafre zèbre sa poitrine. Parfois, il me laisse l'embrasser comme on fait un bisou sur les petites plaies des enfants casse-cou.

Notre famille a déjà enduré deux morts prématurées : celle de notre père, et celle de notre petite nièce, Laurence, la fille de Danièle, emportée par une leucémie à sept ans et demi. Élie tient beaucoup à épargner Suzy et Danielle de la mauvaise nouvelle. Une chape de plomb entoure sa maladie, pour une unique raison : notre mère n'est pas au courant ! Elle ne doit pas l'être. Son mari, le père de ses sept enfants, ayant été emporté en quelques semaines par un cancer du poumon, nous décidons coûte que coûte de lui épargner le plus possible notre douleur. Le reste de la famille, les proches, *a fortiori* les personnes qui vivent avec Élie, suivent ses opérations dans les moindres détails, jonglent avec leurs emplois du temps surchargés, en fonction des périodes de soins.

— Et si je guéris ? Pourquoi les ferais-je pleurer pour rien ?

Le cancer le grignote dans une omerta lugubre. Pendant un an, il faut compter ses mots, tourner maintes fois sa langue dans sa bouche avant de parler, sembler joyeux, mentir sur ses déplacements. En secret, Élie récupère de ses éprouvantes séances de chimiothérapie. Au cours de nos voyages à Marseille, il justifie sa perte de cheveux en prétextant que le rôle du film qu'il tourne l'exige.

Entre nous, on ne parle jamais de sa mort. Lorsque l'on s'enquiert de l'évolution de sa maladie, lorsque nous parlons des protocoles appropriés, la conversation reste factuelle. La plupart du temps, je dois le confesser, on élude le sujet. On rit beaucoup. Cette thérapie vaut bien l'autre.

Trois semaines avant la fin, les médecins nous annoncent qu'il n'y a plus guère d'espoir. À ce moment-là, nous dévoilons toute l'histoire.

Pour mieux la défier, Élie la met en scène. Il avait besoin de ce recul pour repousser le mal. Lors d'un dîner avec son costumier Marco, il disserte comme souvent sur cette addiction au tabac, responsable de son cancer. Il vomit cette plante qui l'a réduit, selon ses termes, en esclavage. Puis, de fil en aiguille, il se met à chanter en parodiant le fameux air de Marilyn :

My heart belongs to Daddy
And my lungs belong to my needs[1].

1. Traduction : « *Mes poumons sont victimes de mes besoins, de mes faiblesses.* »

Cette maladie cause, par ricochet, l'épisode médiatique le plus cruel qu'Élie doive affronter. Alors qu'il entretient une relation pacifique avec les magazines grand public, il est victime d'un dérapage inexcusable. Plus de deux mois avant sa mort, pour être précise.

Un sombre matin, le téléphone crépite comme jamais. De minute en minute, le répondeur se remplit de messages dont Élie ne se soucie pas. Il en prendra connaissance en temps utile... Lorsqu'il appuie sur la touche « Lecture », son sang se glace : une radio juive, un média qu'il n'écoute pas vraiment, a annoncé son décès le matin même.

Du répondeur dégoulinent des prières en hébreu et de nombreux témoignages de sympathie ahurissants du genre : *« Je ne sais pas sur qui je tombe, mais je viens d'apprendre la mort d'Élie et je voudrais assurer la famille de toute ma considération... »*

Puis arrivent les appels embarrassés des amis et relations, finalement étonnés de l'entendre au bout du fil...

Imaginez que cela vous arrive... Élie était fragilisé par la maladie et n'en accusa le choc que plus violemment. Certes, on ne pouvait nier que son état de santé déclinait. Mais il se battait comme un diable pour survivre. Il espérait, il souhaitait sortir de ce traquenard tendu par la vie. Pour toutes les raisons que l'on peut concevoir, cet épisode le meurtrit au plus profond. D'abord, il s'agissait d'un média de sa communauté, auquel les auditeurs se fiaient. Ensuite, il savait sa maladie assez grave pour qu'elle soit fatale. S'y trouver confronté si brutalement était criminel.

Quelques années après sa mort, survenue le 10 juin 1999[1], de nombreuses personnes datent encore son départ définitif du jour de la fameuse annonce.

1. Élie fut inhumé selon sa volonté au cimetière israélite des Trois-Lucs à Marseille.

Ce fameux jour de l'annonce, un autre épisode ajouta au chagrin d'Élie : la mort de l'un de ses animaux de compagnie favori. J'ai décrit dans les lignes qui précèdent son attachement à ses oiseaux, les heures passées à observer le manège au sein de la volière. Son compagnon préféré était Kakou le cacatoès. Il avait été surnommé ainsi car, lorsqu'il en fit l'acquisition, le vendeur avait juré que cet oiseau ne parlait pas. Or, un jour, avant de rentrer en scène, Élie lui parla et lui demanda en riant ce qu'il pensait de tout ça. Le cacatoès le regarda et lâcha un *« Kakou ! »* sans ambiguïté qui le ravit. Plus tard, il ajouta un autre mot récurrent à son lexique, *« Brigitte ! »*, et finit ses jours précisément lors de cette funeste journée, avec deux mots de vocabulaire au compteur...

Élie, d'une pirouette, souligna combien il était étrange que la radio soit déjà au courant de la mort de Kakou-le-cacatoès, et déplora que les journalistes aient laissé planer une équivoque avec sa propre personne.

V

LE DESSOUS DES CARTES

19

Pop star

Le sens étymologique du terme « pop star » sied précisément à Élie. Star populaire, il fait de ses représentations des moments uniques, comparables à certains concerts. À la fin du spectacle, quand il sort par une porte dérobée, il arrive que des centaines de fans le poursuivent et se mettent en travers de la voiture…

Il en va de même pour ses entrées en scène. Excepté dans le domaine musical, jamais je n'ai ressenti une telle ferveur, un tel engouement pour un artiste. Dans le Nord, où tous les spectacles aiment se déplacer pour la réputation de son public, la tournée nous mène à Roubaix. La salle, deux mille places environ, est si brûlante, hurlante et tapageuse, que je l'imagine s'effondrer juste avant le lever de rideau.

Je conserve de Marseille un souvenir aussi fort. Le spectacle doit commencer par l'arrivée des danseurs. Mais le brouhaha est si puissant qu'ils n'entendent pas la musique. Finalement, l'un d'eux décide qu'il est temps de s'y coller. Alors ils se précipitent tous comme un seul homme et improvisent du grand n'importe quoi, le public continuant à scander *« Ka-kou ! Ka-kou ! »*. Après quelques entrechats maladroits, le public se calme et les danseurs reprennent au milieu du morceau.

Dans ce chaos merveilleux, l'artiste s'envole. Parfois, Élie me raconte qu'il joue de façon quasi hypnotique.

Nous apprenons à le remarquer. Un jour de grande émotion, il oublie même un pan entier d'un sketch mettant en scène Fortunée Sarfati. La partie que je trouve la plus drôle, à propos de Disneyland : *« Il était cinq heures. J'ai dit bon... j'ai dit j'vais aller boire le thé chez Blanche-Neige et puis c'est tout. Je me suis préparée, j'ai mis ma ceinture dorée, serrée... ma race... J'arrive à la maison de Blanche-Neige, j'attends Blanche-Neige... Pas de Blanche-Neige. Zéro Blanche-Neige. »*

Au cours du dîner, lorsque nous sommes plus détendus, je le lui dis. Il ne s'en est pas aperçu. Si je n'avais pas eu le soutien du reste de l'équipe, il ne m'aurait jamais crue.

Grâce à Élie, nous vivons des moments exceptionnels. Nous en avons conscience. Patrick et Laurence enchaînent d'interminables journées sans se plaindre le moins du monde. Arrivés tôt le matin, il n'est pas rare qu'ils partent dans l'après-midi en TGV pour rejoindre une ville où nous avons installé notre « barnum », tout en ayant pris soin de renvoyer leur ligne téléphonique du bureau sur leur portable. Ils expédient les affaires courantes jusqu'à leur entrée en scène pour danser. Il assurent l'intendance, se couchent à 3 heures et reprennent un TGV. Déjà l'heure de recommencer la journée !

Seuls quelques dimanches leur permettent de se reposer. Pire qu'un rythme de saisonniers : la saison dure neuf mois ! Au-dehors, la vie semble presque fade. Nous sommes sous perfusion d'adrénaline. Il nous faut notre dose, plus vitale que le repos, et nous en jouissons d'autant plus que nous savons, au fond, que tout peut s'arrêter.

Évidemment, cette intuition s'accroît lorsque Élie tombe malade. Une urgence de vivre jusqu'à satiété s'empare de nous. C'est aussi une façon d'éluder la maladie, de la bannir de notre vie. Pas question de nous soustraire de l'amère réalité, encore moins de ne pas combattre le mal qui ronge mon frère, tous ensemble, comme un seul organisme. Il faut composer avec les opérations, les séances de chimiothérapie, la fatigue. Mais dès que les périodes de rémission arrivent, nous replongeons dans le torrent de l'irréel. De quoi emporter nos idées sombres.

Comme toute pop star qui se respecte, la ponctualité n'est pas la plus grande qualité d'Élie. Laurence vit un réveil vissé sur la tête pour rappeler à Élie telle interview, telle émission ou tel avion à prendre pour partir en tournée.

Alors qu'il doit se produire au Zénith de Pau, mon frère rate son vol. Reste une seule solution : trouver un avion pour Bordeaux, et finir le reste du trajet en voiture. Ce qu'il fait. Laurence a la lourde tâche de prévenir les 5 000 spectateurs qu'Élie ne viendra pas à l'heure dite, c'est-à-dire 20 h 30. Le spectacle ne commencera pas avant 22 heures… au mieux. Évidemment, ceux qui souhaitent se faire rembourser leur billet peuvent se diriger vers les guichets, sans se bousculer, sans paniquer. On prendra le temps, mais tout le monde sera satisfait. De panique, il n'y en aura pas. Seules douze personnes demanderont réparation. Les autres attendront sagement que la vedette arrive.

Laurence est dans un état nerveux indescriptible lorsque Élie finit par arriver. Elle lui en veut terriblement d'avoir été si laxiste, de l'avoir laissée seule annoncer le contretemps face à ces milliers de personnes. Élie est très gêné. Il respecte trop le travail des autres pour prendre cet ajournement de manière désinvolte. Il révère trop son public pour ne pas se sentir confus. Comment attaquer le spectacle ?

Sans calculer quoi que ce soit, il sent l'urgence de prévenir de son arrivée. Une voix retentit alors dans la salle :

— Coucou, c'est Kakou ! Je suis arrivé. Je me change et j'arrive. Vous êtes prêts ?

La salle hurle que oui. Le Zénith en ébullition est prêt à céder sous la pression. Ce soir-là, Pau lui fait un triomphe comme jamais. Élie se confie publiquement, comme rarement. L'émotion est palpable, si saisissante que le flot qui nous emporte nous empêche de trouver le sommeil. Dans un tel cas, autant compter les Marouani…